一瞬で伝えたいことが言い出せる

フランス語会話 55の鉄則表現

CD付

CD にはフランス語と日本語を収録してあるので、聞き流すだけで、スラスラ暗記できる! 初心者に最適な一冊!

クリスティアン・ブティエ 監修

三修社

はじめに

この「フランス語会話55の鉄則訓練」で，“一瞬”で言い出せる会話力が自分のものになる!

★ 相手に伝えたいことを“すっと”言い出せる！

フランス語会話の表現力を効率的につける秘けつは，フランス語圏の生活で実際にやり取りされる使用頻度が高いパターンを，最優先にマスターすることです。

本書の狙いは，「“一瞬”で言いたいことを相手に伝える訓練」を基本から実践することです。

★ 語句を入れ換えるだけで自在に使える！

ネイティブとのコミュニケーションで使われる頻度の高いフランス語会話パターン（例えば「～がほしいのですが」/「～したいのですが」/「～を探している」/「～はいかがですか」など）を 55 の鉄則として選び出し、語句を入れ換えるだけで自在に使えるようにしました。

１つのパターンを覚えれば，何十，何百という表現ができるでしょう。例文はよく使われる日常会話や旅行会話の実際例にしぼってありますから，とっさの場面でも即話できる力がつきます。

★ “聞き流す”学習でフランス語の語感を体得！

本書の主なフレーズは日本語とフランス語が収録されています。電車の中などの空き時間に“聞き流す”学習でフランス語の語感を体得することも上達を一気に早めます。

目標は 10 日間、全体を一気に訓練することが上達の秘けつです。

通勤・通学や家事のすき間時間を活用されて，「ムリ・ムダ」のないフランス語会話表現をマスターされることを願っています。

■ 本書の効率的な使い方

本書は 55 の鉄則表現がそれぞれ見開き 2 ページ単位で構成されています。左ページには鉄則表現のポイントと例文の和訳を中心に示し，右ページは鉄則表現の組み立て図解と例文のフランス語を紹介しています。

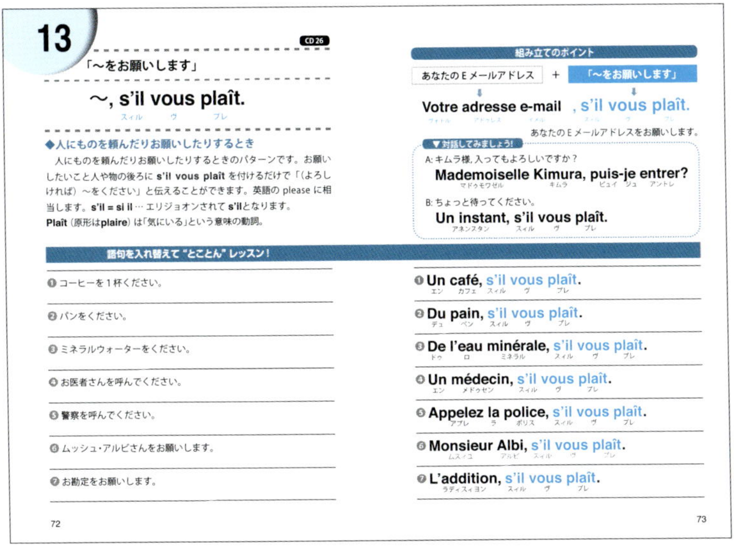

13 CD 26

「～をお願いします」

～, s'il vous plaît.

◆人にものを頼んだりお願いしたりするとき

人にものを頼んだりお願いしたりするときのパターンです。お願いしたいこと人や物の後ろに **s'il vous plaît** を付けるだけで「(よろしければ) ～をください」と伝えることができます。英語の please に相当します。**s'il = si il** … エリジョオンされて **s'il**となります。

Plaît（原形は**plaire**）は「気にいる」という意味の動詞。

組み立てのポイント

あなたの E メールアドレス ＋ 「～をお願いします」

Votre adresse e-mail , s'il vous plaît.

あなたの E メールアドレスをお願いします。

▼対話してみましょう!

A: キムラ様, 入ってもよろしいですか？

Mademoiselle Kimura, puis-je entrer?

B: ちょっと待ってください。

Un instant, s'il vous plaît.

語句を入れ替えて "とことん" レッスン！

❶ コーヒーを 1 杯ください。	❶ **Un café, s'il vous plaît.**
❷ パンをください。	❷ **Du pain, s'il vous plaît.**
❸ ミネラルウォーターをください。	❸ **De l'eau minérale, s'il vous plaît.**
❹ お医者さんを呼んでください。	❹ **Un médecin, s'il vous plaît.**
❺ 警察を呼んでください。	❺ **Appelez la police, s'il vous plaît.**
❻ ムッシュ・アルビさんをお願いします。	❻ **Monsieur Albi, s'il vous plaît.**
❼ お勘定をお願いします。	❼ **L'addition, s'il vous plaît.**

72　73

パターンは，ただ黙読するだけでは効果がありません。必ず何度も繰り返して声に出して読みます。たとえ一度身についたと思っている表現でも，放置してしまうと，時間とともに必ず記憶が薄れていきます。記憶を保ち，長期的な記憶に定着させるためには，「繰り返す」ことです。

● 本書付属の CD をとことん活用しましょう！

付属の CD（日本語とフランス語を収録）を徹底活用してください。「繰り返し聞く」→「繰り返し声に出す」のリピート練習で，フランス語の発音とリズムを体得しましょう。

Contents

Leçon 1

フランス語スッキリ 発音・文法

Leçon 2

55パターンでスッキリ話せるフランス語

7「私は～です」……60

Je suis + 名詞 .
ジュ　スュイ

8「私は～です」……62

Je suis + 形容詞 .
ジュ　スュイ

9「あなたは～ですか？」……64

Vous êtes + 名詞 ~?
ヴゼットゥ

10「あなたは～ですか？」……66

Vous êtes [avez] + 形容詞 ~?
ヴゼットゥ　ヴザベ

11「私は～ではありません」……68

Je ne suis pas + 名詞 [形容詞] .
ジュ ヌ スュイ　パ

12「すみません，～。」
「すみません，～？」……70

Excusez-moi ~.[?]
エクスキュゼ　モワ

13「～をお願いします」……72

~, s'il vous plaît.
スィル　ヴ　プレ

14「私は～がほしいのですが」…74

Je voudrais + [名詞] .
ジュ　ヴドゥレ

15「～はいかがですか？」…76

Vous voulez + 名詞 / 動詞の原形
ヴゥ　ヴゥレ

16「私は～しません」……78

Je ne ~ pas ~.
ジュ　ヌ　パ

17「～したいのですが」……80

Je voudrais + 動詞の原形 .
ジュ　ヴドゥレ

18「～はいかがですか？」…82

Vous voulez + 動詞の原形 ?
ヴ　ヴレ

19「～を教えていただけますか？」..98

Vous voulez me [donner]~?
ヴ　プヴェ　ム　ドネ

20「私は…を持っています」…86

J'ai ~.
ジェ

Contents

21 「～はありますか？」
「～を持っていますか？」…88
Vous avez ~? / Avez-vous ~?
ヴザヴェ　アヴェヴ

22 「～があります」…90
Il y a ~.
イリヤ

23 「～がありません」…92
Il n'y a pas ~.
イルニヤパ

24 「私は～することができます」…94
Je peux ＋ 動詞の原形 .
ジュ　プ

25 「～してもいいですか？」…96
Je peux ＋ 動詞の原形 ?
ジュ　プ

26 「私は～することができません」…98
Je ne peux pas ~.
ジュ　ヌ　プ　パ

27 「～していただけますか？」…100
Vous pouvez ＋ 動詞の原形 ?
ヴ　プヴェ

28 「～できますか？」…102
On peut ~?
オン　プ

29 「私は～するつもりです」…104
Je vais ~.
ジュ　ヴェ

30 「～が必要です」…106
Il faut ~.
イル　フォ

31 「私は～しなければならない」…108
Je dois ~.
ジュ　ドゥワ

32 「～を探しています」…110
Je cherche ~.
ジュ　シェルシュ

33 「～した」「～してしまった」(1)…112
J'ai ＋ 過去分詞 .
ジェ

34 「～した」「～してしまった」(2)…114
J'ai suis ＋ 過去分詞 .
ジュ　スュイ

35 「～しましたか？」
「～したことがありますか？」.. 116

Vous êtes [Vous avez] ~?
ヴゼットゥ　ヴザヴェ

36 「～しましょうか？」...... 118

On + 現在形の動詞 ~?
オン

37 「何を～？」........................ 120

Que ~?
ク

38 「だれが（を）～」.......... 122

Qui ~?
キ

39 「～おめでとう」「よい～」.. 124

Bonne ~. / Bon ~.
ボンヌ　ボン

40 「いつ～？」
「いつ～しますか？」...... 126

Quand ~
カン

41 「どれだけの～？」.......... 128

Combien de ~?
コンビアン　ドゥ

42 「いくら？」........................ 130

Combien ~?
コンビヤン

43 「どこ（に）～？」
「どこ（に）～？」.............. 132

Où ~?
ウ

44 「どのように～？」
「どのようにして～？」... 134

Comment ~?
コマン

45 「どの～？」........................ 136

Quel [Quelle] ~?
ケル

46 「なぜ～ですか？」.......... 138

Pourquoi est-ce que ~?
プルクワ　エ　ス　ケ

47 「なんて～なのでしょう！」.. 140

Que ~! / comme ~!
ク　コム

48 「～な天気です」.............. 142

Il fait ~.
イル　フェ

Contents

49 「私は～（すること）が好きです」.. 144

J'aime ~.
ジェム

50 「あなたは～（するの）が好きですか？」.. 146

Vous aimez ~?
ヴゼメ

51 「～に興味があります」.. 148

Je m'intéresse à ~.
ジュ　マンテレッサ

52 「～をありがとう」............ 150

Merci pour ~.
メルスィ　プル

53 「～してすみません」「ごめんなさい」.. 152

Je suis désolé[e] de ＋動詞の原形.
ジュ スュイ デゾレ　ドゥ

54 「～が痛いです」................ 154

J'ai mal [à] ~.
ジェ　マロ［マラ］

55 「～をなくしました」... 156

J'ai perdu ~.
ジェ　ペルデュ

Leçon 3

日常生活の基本ショートフレーズ 159

Leçon 4

入れ替えて使えるフランス語単語 175

【国・国民・言葉】【職業】

【趣味】【機内】【税関・空港】

【列車・鉄道】【地下鉄】

【バス】【タクシー】【ホテル】

【レストラン】【ショッピング】

【観光】【両替】【郵便】

【電話】【盗難・紛失】【病気】

Leçon 1

フランス語
スッキリ
発音・文法

フランス語の発音の特徴をマスター！

フランス語の発音には，日本語にはない音がたくさんあります。また，英語ともかなり読み方の違うものがありますから注意しましょう。

◆アルファベ (alphabet)

CD 01

フランス語の「アルファベ」は英語と同じ 26 文字あります。

A	B	C	D	E	F	G	H	I
[ア]	[ベ]	[セ]	[デ]	[ウ]	[エフ]	[ジェ]	[アシュ]	[イ]

J	K	L	M	N	O	P	Q	R
[ジ]	[カ]	[エル]	[エム]	[エヌ]	[オ]	[ペ]	[キュ]	[エール]

S	T	U	V	W	X	Y	Z
[エス]	[テ]	[ユ]	[ヴェ]	[ドゥブルヴェ]	[イクス]	[イグレック]	[ゼッドゥ]

● 単語のつづり字には，基本の 26 文字のほかに次の文字が使われます。

é à è ù â ê î ô û

ë ï ü œ ç

◆フランス語の母音について CD 02

「e」,「u」という母音，そして「ou」という母音の組み合わせはよく同じ「ウ」で表す習慣がありますが実は違います。カタカナの「ウ」で正確に表すことができません。下記の国際発音記号で正確に表すことができますので、CD の発音をよく聞いてください。

発音記号には [ ] を使います。

e = [ə]　　例：**Je** [ʒə]　　[ə] は [ø] に近い。例：**Je veux** [ʒəvø]

u = [y]　　例：**Tu** [ty]

ou = [u]　　例：**Vous** [vu]

また、辞書などで下記の記号を見ることがあります。右の記号の方が口の開きが大きい。後にある子音の発音の影響を受けるから自然に開くので、あまり悩まされないでしょう。

[e]　と　[ɛ]

[ø]　と　[œ]

[o]　と　[ɔ]

また、鼻母音の [ɔ̃] [ɛ̃] [ɑ̃] もあります。
カタカナでそれぞれの母音を表すと下記のようになりますが「ン」は弱く、「鼻にかかる発音」です。つまり、鼻母音を発音するときには、鼻から空気が出ていくわけです。

[ɔ̃] オン　　[ɛ̃] エン　　[ɑ̃] アン

これで、フランス語の母音の数は日本語よりも多いことがよく分かりますね。

◆母音の読み方

●単独の母音字

フランス語は原則としてローマ字読みです。

a à â [ア]	amour（愛） アムル	là-bas（あそこ） ラ バ
i î y [イ]	dîner（夕食） ディネ	stylo（ペン） スティロ
o ô [オ]	roman（小説） ロマン	hôtel（ホテル） オテル
e	原則的な読み方は次の通り。	

語の中にあるときは「ウ」または「エ」と読みますが，音節の末尾に e がくるときは，発音されません。

petit（小さい） プティ	menu（献立，定食） ムニュ	nez（鼻） ネ
est（東） エストゥ	cette（この） セットゥ	salade（サラダ） サラドゥ

é è ê [エ]	rêve（夢） レヴ	février（2月） フェヴリエ
u û [ユ]	mûr（熟した） ミヌル	lundi（月曜日） ランディ

●複合の母音字(複母音字)

mai（5月）のように，母音が2つあるいは3つ重なったときに，原則として全体が1つの母音として発音されます。

なお，語尾の子音は原則として読みません。

ai aî [エ]	**mai**（5月） メ	**Japonais**（日本人） ジャポネ
ei [エ]	**Seine**（セーヌ川） セヌ	**oreiller**（枕） オレイエ
au [オ]	**auto**（自動車） オト	**restaurant**（レストラン） レストラン
eau [オ]	**eau**（水） オ	**couteau**（ナイフ） クト
ou où oû [ウ]	**où**（どこ） ウ	**tout**（すべての） トゥ
oi oî [ワ]	**mademoiselle**（お嬢さん） マドゥモワゼル	
eu [ウ]	**bleu**（青い） ブル	**chauffeur**（運転手） ショフル
œu [ウ]	**sœur**（姉妹） スル	**œuf**（卵） ウフ

●鼻母音

母音＋**n / m** の形で，前の母音が鼻に抜けるように発音します。フランス語特有のなめらかな発音です。口を自然に少しあけたまま，鼻から空気をくように発音するのがコツ。

on / om ［オン］

ongle（爪） オングル　**nombre**（数） ノンブル

an, am / en, em ［アン］

enfant（こども） アンファン　**ensemble**（一緒に） アンサンブル

in, im / ain, aim / ein, eim / yn, ym / un, um ［ア(エ)ン］

vin（ワイン） ヴェン　**timbre** タンブル　**pain**（パン） ペン

reins（腰） ラン　**symbole**（象徴） サンボル　**parfum**（香水） パルファン

ただし，**n, m** が連続するときは，鼻母音になりません。

homme（男・人間） オム　**fonctionnaire**（公務員） フォンクスィヨネル

●その他

母音字＋**il, ill** は［イユ］と発音します。

ail / eil / euil / ill

ail（ニンニク） アイユ　**soleil**（太陽） ソレイユ　**feuille**（葉） フイユ　**fille**（娘） フィユ

◆子音の読み方

一般に子音字はローマ字読みですが，次の場合には注意しましょう。

●単独の子音字

c, ca, co, cu, cœ [k]

café（コーヒー）
カフェ

ce, ci , cy [s]

cercle（円）
セルクル

médecin（医者）
メドゥセン

ç [s]

leçon（授業）
ルソン

reçu（領収書 ）
ルスュ

g, ga, go, gu [g]

gare（駅）
ガル

gorge（のど ）
ゴルジュ

ge, gi, gy [ʒ]

gelé（凍った）
ジュレ

gynécologie（産婦人科）
ジネコロジ

q [k]

coq（おんどり）
コック

quai（プラットホーム）
ケ

x [ks] / [gz]

taxi（タクシー）
タクスィ

examen（試験）
エクザメン

●複合の子音字

ch [ʃ]	**pêche**（釣り） ペシュ	**chat**（猫） シャ
gn [ɲ]	**montagne**（山） モンタニュ	**champagne**（シャンペン） シャンパニュ
ph [f]	**photo**（写真） フォト	**téléphone**（電話） テレフォンヌ
th [t]	**thé**（お茶） テ	**cathédrale**（大聖堂） カテドゥラル
rh [r]	**rhume**（風邪） リュム	
sc [s] / [sk]	**science**（学問） スィヤンス	**sculpteur**（彫刻家） スキュルトゥル
ss [s]	**passer**（通る） パセ	**adresse**（住所） アドゥレス

● 注意が必要な子音の発音

語尾の子音は原則として発音されません。

fort（強い） フォル　**Paris**（パリ） パリ　**prix**（値段） プリ

例外として **c**, **f**, **l**, **r** は発音されることがあります。

avec（〜と） アヴェク　**soif**（渇き） ソワフ　**quel**（どんな） ケル

parc（公園） パルク　**mer**（海） メール　**digestif**（食後酒） ディジュスティフ

◇ **s** は母音字の間では［ズ］と発音。

maison（家） メゾン　**mademoiselle**（お嬢さん） マッドモワゼル

◇ **h** には，文法上「無音の **h**」と「有音の **h**」があります。
「無音の **h**」はリエ ゾンします。

無音：**hôtel**（ホテル） オテル → **un hôtel** エンノテル

有音：**héros**（英雄） エロ → **un héros** エン　ネロ

◇ **b** は **c**, **s**, **t** の前では［プ］と発音。

obtenir（得る） オプトゥニール　**absent**（欠席の） アプサン

◆アンシェヌマン (enchaînement)

発音される語末の子音字が，次の語の始めにある母音と結びついて発音される現象をアンシェヌマンと言います。

elle est → ［エレ］ エル　エ　**elle a** → ［エラ］ エル　ア

◆リエゾン (liaison)

本来，単独では発音されない語末の子音字が，母音および無音の **h** で始まる次の語と結びついて発音されるようになる現象をリエゾンと言います。とくに，人称代名詞と動詞の間，冠詞と名詞の間で起こります。

vous avez → [ヴザヴェ]
ヴ　アヴェ

vous êtes → [ヴゼットゥ]
ヴ　エトゥ

mon adresse → [モンナドレス]
モン　アドレス

【例】**C'est Philippe, mon ami.**（こちらは友人のフィリップです）
セ　フィリップ　モナミ

◆エリジョン (élision)

母音の連続を避けるために，語末の母音が，母音または無音の **h** で始まるいくつかの語の前では，省略されることがあります。これをエリジョンと言います。

je aime → **j'aime**
ジェ　エム　ジェム

la école → **l'école**
ラ　エコル　レコル

le hôtel → **l'hôtel**
ル　オテル　ロテル

話すためのフランス語の基本文法をマスター！

◆名詞

● 男性名詞，女性名詞

フランス語の名詞には「男性名詞」と「女性名詞」があります。

人間や動物を表す名詞，さらに人の職業や国籍名，事物を表す名詞も文法上，「男性名詞」と「女性名詞」に分かれています。

「男性名詞」

homme（男，人間） オム
livre（本） リヴル
soleil（太陽） ソレィユ
français（フランス人） フランセ
sport（スポーツ） スポル
voyage（旅行） ヴォワィヤジュ

「女性名詞」

femme（女，妻） ファム
lune（月） リュヌ
revue（雑誌） ルヴュ
française（フランス人） フランセズ
danse（ダンス） ダンス
carte（メニュー） キャルトゥ

一般に，女性名詞は，男性名詞の語末に e をつけます。
ただし，この **-e** は発音されません。

◎ **男性形 ＋ e ＝ 女性形**

（例 1）**Japonais**　「日本人（男性形）」
ジャポネ

Japonaise　「日本人（女性形）」
ジャポネズ

（例２）**Français**　フランセ　「フランス人（男性形）」

Française　フランセズ　「フランス人（女性形）」

● 単数形，複数形

フランス語の名詞には「単数形」と「複数形」があります。

> **単数形 ＋ s ＝ 複数形**
>
> ただし，この **-s** は発音されません。

● 「男性・単数」**étudiant**（エテュディヤン） → 「男性・複数」**étudiants**（エテュディヤン）

* **étudiant**（学生）

「男性・単数」**passager**（パサジェ） → 「男性・複数」**passagers**（パサジェ）

* **passager**（乗客）

● 「女性・単数」**étudiante**（エテュディヤントゥ） → 「女性・複数」**étudiantes**（エテュディヤントゥ）

passagère（パサジェル） → 「女性・複数」**passagères**（パサジェル）

語尾が **s** で終わっている場合には複数でも **s** をつけません。

例）**Français**（フランセ）（フランス人）

cas（カ）（場合）

◆冠詞

フランス語の名詞には「男性名詞」と「女性名詞」がありますが，それに応じて冠詞が変化します。

また，フランス語では冠詞にも複数形があります。名詞の性別や単数形か複数形は冠詞を見ればわかります。

●不定冠詞

1つ，2つと数えることのできるものを表す名詞に対して使います。

	単数形	複数形	（例）
男性形	un エン	des デ	un restaurant（レストラン） エン　レストラン
			des restaurants（レストラン） デ　レストラン
女性形	une ユヌ		une pomme（リンゴ） ユヌ　ポム
			des pommes（リンゴ） デ　ポム

＊s は発音しない。

【例】**C'est un musée?**（こちらは美術館ですか？）
セテン　ミュゼ

●定冠詞

話し手と聞き手が，共に何を指しているかわかっているときに定冠詞を用います。月とか太陽などは世界に１つしかないものは，最初から何を指しているかわかりますから，定冠詞がつきます。

定冠詞も不定冠詞と同じように，性・数の変化があります。

	単数形	複数形	（例）
男性形	le (l') ル		**le lit**（ベッド）/ **l'hôtel**（ホテル） ル リ　ロテル
		les レ	**les chats**（ネコ）/ **les pâtes**（パスタ） レ シャ　レ パット
女性形	la (l') ラ		**la chanson**（歌）/ **l'école**（学校） ラ シャンソン　レコル

le，**la** のあとに母音で始まる語がくるとき，**le** が **l'**，**la** が **l'** となります。また，無音の **h** で始まる名詞の前も **l'** になります。（18 ページ エリジョン参照）

●部分冠詞

「水」や「塩」などの数えられないものには，部分冠詞を用います。意味としては英語の some に相当します。また，「運」などの抽象的な概念を表す名詞にも部分冠詞を用います。部分冠詞には，複数形はありません。

	（例）	
男性形	du (de l') デュ	**du vin**（ワイン）/ **de l'argent**（お金） デュ ヴェン　ドゥ ラルジャン
女性形	de la (de l') ドゥ ラ	**de la viande**（肉）/ **de l'eau**（水） ドゥ ラ ヴィヤンドゥ　ドゥ ロ

●冠詞の縮約

定冠詞 **le** と **les** は，その前に前置詞の **à** か **de** が置かれると，それと結びついて特別な形を作ります。

この現象を縮約と呼びます。

定冠詞 **le** と **les** は，その前に前置詞の **à** か **de** が置かれると，それと結びついて特別な形を作ります。この現象を縮約と呼びます。

à ＋ le ア　ル	→	**au** オ	**de ＋ le** ドゥ　ル	→	**du** デュ
à ＋ les ア　レ	→	**aux** オ	**de ＋ les** ドゥ　レ	→	**des** デ

（例） **à le Canada**（ア ル カナダ） → **au Canada**（オ カナダ）（カナダに）

de le Japon（ドゥ ル ジャポン） → **du Japon**（デュ ジャポン）（日本から）

女性名詞のときはそのまま **à la**，**de la**

後に続く名詞が母音または無音の **h** のときは 男・女性形とも **à l'**，**de l'**

◆形容詞

形容詞は修飾する名詞の性・数に応じて変化します。

●形容詞の性変化

形容詞の性・数の変化は名詞の変化と同じですから，原則として，女性形には男性形の語末に **e** がつきます。

男性形 ＋ e ＝ 女性形

例）**petit** → **petite**（小さい）
プティ　　プティトゥ

grand → **grande**（大きい）
グラン　　グランドゥ

court → **courte**（短い）
クル　　クルトゥ

●形容詞の複数形と位置

男性形 ＋ s ＝ 男性形複数

例）**petit** → **petits**
プティ　　プティ

long → **longs**（長い）
ロン　　ロン

男性形 ＋ es ＝ 女性形複数

例）**petit** → **petites**
プティトゥ　　プティトゥ

long → **longes**
ロン　　ロン

● 形容詞は原則として名詞の後におきます。

名詞　＋　形容詞

例）**un　studio　magnifique**（すてきな部屋）
エン　ステュディオ　マニフィック

ただし，次のような日常よく使われる音節の短い形容詞は，例外的に名詞の前におきます。

petit（小さい）
プティ

grand（大きい）
グラン

jeune（若い）
ジュンヌ

vieux（年老いた）
ヴィユ

bon（良い）
ボン

mauvais（悪い）
モヴェ

beau（美しい）
ボ

laid(e)（醜い）
レ（ド）

形容詞　＋　名詞

例）**un　beau　paysage**（美しい風景）
エン　ボ　ペィザジュ

de grand magasin（大きな商店＝デパート）
ドゥ　グラン　マガザン

●指示形容詞

日本語で「この」「その」「あの」は，フランス語では **ce** の一語で表現します。この語は限定する名詞の性・数に応じて変化します。

	単数形	複数形	(例)
男性形	ce (cet) ス（セットゥ）	ces セ	**ce tableau**（絵） ス　タブロ
			ces enfants（子ども） セ　セザンファン
女性形	cette セットゥ		**cette chaise**（いす） セットゥ　シェズ
			ces chaussures（くつ） セ　ショッシュルム

【例】Il est sympa cet hôtel.（このホテルは感じいいね）
イレ　サンパ　セットテル

●所有形容詞

英語で言えば，my，your などの代名詞の所有格に当たるものを，フランス語では所有形容詞といいます。

	男性単数形	女性単数形	複数形
私の	mon モン	ma (mon) マ	mes メ
君の	ton トン	ta (ton) タ	tes テ
彼の / 彼女の	son ソン	sa (son) サ	ses セ
私たちの	notre ノトゥル	notre ノトゥル	nos ノ
あなた（たち）の 君たちの	votre ヴォトゥル	votre ヴォトゥル	vos ヴォ
彼らの 彼女たちの	leur ルル	leur ルル	leurs ルル

●主語の人称代名詞

私	**je** ジュ	私たち	**nous** ヌ
君	**tu** チュ	あなた（たち） 君たちの	**vous** ヴ
彼／それ	**il** イル	彼ら／それら	**ils** イル
彼女／それ	**elle** エル	彼女たち それら	**elles** エル

il，**elle** は人だけでなく一般に男性名詞，女性名詞を受けます。

【例】**Je voudrais voir ce foulard.**（私はこのスカーフを見たいのですが）
ジュ ヴドゥレ ヴォワル ス フラル

● tu と vous の使い方

vous は「あなた」「君たち・あなたたち」と単数・複数両方の意味があります。相手が単数のとき，一般的には **vous**，親しい間柄では **tu** を使います。

【例】**Vous êtes japonaise[s]?**（日本の方ですか？）
ヴゼット ジャポネ［ズ］

●目的語人称代名詞

<table>
<tr><td></td><td>直接
目的語</td><td>間接
目的語</td><td></td><td>直接
目的語</td><td>間接
目的語</td></tr>
<tr><td>私を</td><td colspan="2">me
ム</td><td>私たちを</td><td colspan="2">nous
ヌ</td></tr>
<tr><td>君を</td><td colspan="2">te
トゥ</td><td>あなた（たち）を
君たちを</td><td colspan="2">vous
ヴ</td></tr>
<tr><td>彼を
それを</td><td>le
ル</td><td rowspan="2">lui
リュイ</td><td rowspan="2">彼らを
彼女たちを
それらを</td><td rowspan="2">les
レ</td><td rowspan="2">leur
ルル</td></tr>
<tr><td>彼女を
それを</td><td>la
ラ</td></tr>
</table>

母音で始まる動詞の前では，**me**，**te**，**le**，**la** はそれぞれ **m'**，**t'**，**l'**，**l'** になります。

◆動詞

動詞は，人称と数によって変化します。これを動詞の活用といいます。

フランス語の動詞の不定詞（辞書の見出しの形）のほぼ９割は語尾が **-er** で終り，規則的な活用をします。

ただし，日常よく使われる次のような動詞の多くは不規則な変化をしますから，しっかり覚えるようにしましょう。

◇ **être**「…です」　◇ **avoir**「持つ」　◇ **aller**「行く」など

● être（…です）の活用

私	**je** suis ジュ スュイ	私たち	**nous** sommes ヌソム
君	**tu** es テュエ	あなた（たち） 君たちの	**vous** êtes ヴゼットゥ
彼 それ	**il** est イレ	彼ら それら	**ils** sont イルソン
彼女 それ	**elle** est エレ	彼女ら それら	**elles** sont エルゾン

【例】Il est **sympa cet hôtel.**（このホテルは感じいいね）
イレ　サンパ　セットテル

● avoir（持つ）の活用

私	**j'**ai ジェ	私たち	**nous** avons ヌザヴォン
君	**tu** as テュア	あなた（たち） 君たちの	**vous** avez ヴザヴェ
彼 それ	**il** a イラ	彼ら それら	**ils** ont イルゾン
彼女 それ	**elle** a エラ	彼女ら それら	**elles** ont エルソン

● aller（行く）の活用

私	je vais ジュ ヴェ	私たち	nous allons ヌザロン
君	tu vas テュ ヴァ	あなた（たち） 君たちの	vous allez ヴザレ
彼 それ	il va イル ヴァ	彼ら それら	ils vont イルヴォン
彼女 それ	elle va エル ヴァ	彼女ら それら	elles vont エルヴォン

●規則動詞の活用

活用の際に，語幹は常に不変で，語尾のみが規則的に変化する動詞。

第 1 グループの動詞 --- 語尾が er

フランス語の動詞の 90% はこの動詞群です。

aimer（…が好きだ）の活用

私	j'aime ジェム	私たち	nous aimons ヌゼモン
君	tu aimes テュエム	あなた（たち） 君たちの	vous aimez ヴゼメ
彼 彼女 それ	il / elle aime イレム / エレム	彼ら 彼女ら それら	ils / elles aiment イルゼム / エルゼム

【第 1 グループの動詞例】

regarder（見る） / **chanter**（歌う） / **travailler**（働く）

第 2 グループの動詞 --- 語尾が ir

finir（終える）の活用

私	**je finis** ジュフィニ	私たち	**nous finissons** ヌ フィニソン
君	**tu finis** テュフィニ	あなた（たち） 君たちの	**vous finissez** ヴ フィニセ
彼 彼女 それ	**il / elle finit** イル / エル　フィニ	彼ら 彼女ら それら	**ils / elles finissent** イル / エル　フィニス

【第 2 グループの動詞例】

choisir（選ぶ） / **réussir**（成功する） / **grandir**（成長する，大きくなる）

◆語順

●肯定文の作り方

語順の基本は英語と同じ，**主語＋動詞＋直接補語**（英語の直接目的語）。

Je suis employé[e] de bureau.（私は会社員です）
ジュ　スュイ　アンプロワイエ　ドゥ　ビュロ

Je suis japonais[e].（私は日本人です）
ジュ　スィ　ジャポネ［ズ］

Je cherche une librairie.（私は本を探している）
ジュ　シェルシュ　ユンヌ　リブレリ

J'aime les pâtes.（私はパスタが好きです）
ジェム　レ　パット

J'ai mon passeport.（私はパスポートを持っています）
ジュ　モン　パスポル

●疑問文の作り方

疑問文を作る方法には，次の３つの種類があります。

▶語順は平叙文のままで，文末のイントネーションを上げる。

例）**Vous êtes français?** ↗（あなたはフランス人ですか？）
ヴゼットゥ　フランセ

▶ **Est-ce que**（母音の前なら **Est-ce qu'**）を平叙文の文頭に置く。

例）**Est-ce que vous êtes français?**
エ　ス　ク　ヴゼットゥ　フランセ

▶主語（代名詞）と動詞を倒置する。

例）**Êtes-vous français?**
エットゥ　ヴ　フランセ

【例】

Vous êtes professeur?（あなたは先生ですか？）
ヴゼットゥ　プロフェッスル

Non, je travaille dans une entreprise.（いいえ，会社員です）
ノン　ジュ　トラヴァイユ　ダンジュンナントゥルプリズ

●否定文の作り方

否定形は，動詞の前に **ne**，後に **pas** をおいて〈**ne** ＋動詞の活用形＋ **pas**〉の形にします。

Je ne sais pas.（私は知りません）　***sais**（**savoir**：知る）
ジュ　ヌ　セ　パ

Je ne bois pas.（私はお酒が飲めません）
ジュ　ヌ　ブワ　パ

動詞が母音または **h**（無音）で始まる場合は，**ne** は **n'** となります。

Ce n'est pas une montre.（これは腕時計ではありません）
ス　ネ　パ　ユヌ　モントゥル

Je n'ai pas commandé ça.（これは注文していません）
ジュ　ネ　パ　コマンデ　サ

●命令形

3つの形があり，動詞の現在形から主語をとって作ります。

▶ tu に対して「〜しなさい」

例）**tu écoutes** → **écoutes!**　***écouter**「聞く」
テュ　エクトゥ　エクトゥ

tu finis → **finis!**
テュ　フィニ　フィニ

▶ **nous に対して「～しましょう」**

例）**nous écoutons** → **écoutons!**
ヌゼクトン　エクトン

▶ **vous に対して「～してください」**

例）**vous écoutez** → **écoutez!**
ヴゼクテ　エクテ

◆比較級・最上級

形容詞または副詞を尺度として，２つのものを比較するとき，次のようになります。

●比較級

◆「～よりも／より以上に…だ」（優等比較級）

plus ... que ~　…の部分に形容詞または副詞が入ります。
プリュ　ク

Il est plus grand que moi.（彼は私より背が高い）
イレ　プリュ　グラン　ク　モワ

◆「～と同じくらい…だ」（同等比較級）

aussi ... que ~
オスィ　ク

Il est aussi grand que moi.（彼は私と同じくらい背が高い）
イレ　オスィ　グラン　ク　モワ

◆「～より／より少なくて…だ」（劣等比較級）

moins ... que ~
モエン　ク

Il est moins grand que moi.（彼は私より背が高くない）
イレ　モエン　グラン　ク　モワ

●最上級

◆「～のうちでいちばん…」（優等最上級）

定冠詞（le, la, les）＋ plus ... de ~
プリュ　ドゥ

Elle est la plus rapide de la classe.
エレ　ラ　プリュ　ラピッド　ドゥ　ラ　クラス
（彼女はクラスでいちばん速く走る）

◆「～のうちでいちばん少なく…」（劣等最上級）

定冠詞（le, la, les）＋ moins ... de ~
モエン　ドゥ

Elle est la moins rapide de la classe.
エレ　ラ　モエン　ラピッド　ドゥ　ラ　クラス
（彼女はクラスで走るのがいちばん遅い）

基本単語

数【基数】 CD 03

- □ 1 **un / une** エン ユヌ
- □ 2 **deux** ドゥ
- □ 3 **trois** トゥロワ
- □ 4 **quatre** カトゥル
- □ 5 **cinq** センク
- □ 6 **six** スィス
- □ 7 **sept** セットゥ
- □ 8 **huit** ユイットゥ
- □ 9 **neuf** ヌフ
- □ 10 **dix** ディス
- □ 11 **onze** オンズ
- □ 12 **douze** ドゥズ
- □ 13 **treize** トゥレズ
- □ 14 **quatorze** カトルズ
- □ 15 **quinze** カンズ
- □ 16 **seize** セズ
- □ 17 **dix-sept** ディセットゥ
- □ 18 **dix-huit** ディズユイットゥ
- □ 19 **dix-neuf** ディズヌフ
- □ 20 **vingt** ヴェン
- □ 21 **vingt-et-un** ヴェンテ エン
- □ 22 **vingt-deux** ヴェン ドゥ
- □ 30 **trente** トゥラントゥ
- □ 40 **quarante** カラントゥ
- □ 50 **cinquante** センカントゥ
- □ 60 **soixante** スワサントゥ

☐ 70 **soixante-dix**
スワサン ディス

☐ 80 **quatre-vingts**
カトゥル ヴェン

☐ 81 **quatre-vingt-un**
カトゥル ヴェン テン

☐ 90 **quatre-vingt-dix**
カトゥル ヴェン ディス

☐ 100 **cent**
サン

☐ 200 **deux-cents***
ドゥ サン

☐ 500 **cinq-cents***
セン サン

☐ 600 **six-cents**
スィ サン

☐ 1 000 **mille**
ミル

☐ 2 000 **deux-mille***
ドゥ ミル

☐ 10 000 **dix-mille**
ディ ミル

☐ 20 000 **vingt-mille**
ヴェン ミル

☐ 100 000 **cent-mille**
サン ミル

☐ 1 000 000 **un-million**
エン ミリヨン

*200 のあとに端数がつけば，**s** はつきません。201 **deux cent un**。

***mille** の整数倍には **cent** のように **s** はつきません。

70 は 60 (**soixante**) + 10 (**dix**) で表します。

80，90 も特別な言い方をします。
80 は 4 (**quatre**) × 20 (**vingt**)
90 は 4 (**quatre**) × 20 (**vingt**) + 10 (**dix**) で表します。

基本単語

■ 数【序数】 序数は「基数詞＋ **ième**」が原則。

CD 04

- □ 1er **premier** プルミエ
- □ 1ère **première**（女性形） プルミエル
- □ 2e **deuxième** ドゥズィエム
- □ 3e **troisième** トゥロワズィエム
- □ 4e **quatrième** カトゥリエム
- □ 5e **cinquième** センキエム
- □ 6e **sixième** スィズィエム
- □ 7e **septième** セッティエム
- □ 8e **huitième** ユイッティエム
- □ 9e **neuvième** ヌヴィエム
- □ 10e **dixième** ディズィエム
- □ 11e **onzième** オンズィエム
- □ 12e **douzième** ドゥズィエム
- □ 13e **treizième** トレズィエム
- □ 14e **quatorzième** カトルズィエム
- □ 15e **quinzième** カンズィエム
- □ 16e **seizième** セズィエム
- □ 17e **dix-septième** ディ　セッティエム
- □ 18e **dix-huitième** ディズュイッティエム
- □ 19e **dix-neuvième** ディズ　ヌヴィエム
- □ 20e **vingtième** ヴェンティエム
- □ 21e **vingt-et-unième** ヴェンテ　エニエム
- □ 22e **vingt-deuxième** ヴェン　ドゥズィエム
- □ 30e **trentième** トゥランティエム
- □ 100e **centième** サンティエム
- □ $1\,000^{e}$ **millième** ミリエム

「第２」は **second**, **seconde**
スゴン　スゴンドゥ
ともいいます。

基数が **-e** で終る場合は, **-e** を除いて, **-ième** をつけます。

cinq は **u** をつけてから **-ième**。

neuf の **f** は **v** に変えてから **-ième** をつけます。

■月 CD 05

□１月 **janvier**
ジャンヴィエ

□２月 **février**
フェヴリエ

□３月 **mars**
マルス

□４月 **avril**
アヴリル

□５月 **mai**
メ

□６月 **juin**
ジュエン

□７月 **juillet**
ジュイエ

□８月 **août**
ウッ（ト）

□９月 **septembre**
セプタンブル

□10月 **octobre**
オクトブル

□11月 **novembre**
ノヴァンブル

□12月 **décembre**
デサンブル

基本単語

■ 曜日 CD 06

□ 月曜日 **lundi**
レンディ

□ 火曜日 **mardi**
マルディ

□ 水曜日 **mercredi**
メルクルディ

□ 木曜日 **jeudi**
ジュディ

□ 金曜日 **vendredi**
ヴァンドゥルディ

□ 土曜日 **samedi**
サムディ

□ 日曜日 **dimanche**
ディマンシュ

□ 昨日 **hier**
イエル

□ 一昨日 **avant-hier**
アヴァンティエル

□ 今日 **aujourd'hui**
オジュルデュイ

□ 明日 **demain**
ドゥメン

□ 明後日 **après-demain**
アプレ　ドゥメン

□ 昨夜 **hier soir**
イエル　ソワル

□ 今朝 **ce matin**
ス　マテン

□ 今日の午後 **cet après-midi**
セッタプレ　ミディ

□ 今晩 **ce soir**
ス　ソワル

□ 今週 **cette semaine**
セットゥ　スメンヌ

□ 来週 **la semaine prochaine**
ラ　スメンヌ　プロシェンヌ

□ 先週 **la semaine dernière**
ラ　スメンヌ　デルニエル

■ 時刻の言い方 CD 07

□ 時間	**heure** ウル	
□ 分	**minute** ミニュトゥ	
□ 正午	**midi** ミディ	
□ 午前零時	**minuit** ミニュイ	
□ 15 分	**un quart d'heure** エン カルドゥル	
□ 30 分	**une demi-heure** ユヌ ドゥミ ウル	
□ 1 時	**une heure** ユヌル	
□ 1 時 10 分	**une heure dix** ユヌル ディス	
□ 2 時	**deux heures** ドゥズル	
□ 5 時 10 分前	**cinq heures moins dix** センクル モエン ディス	

■ 季節 CD 08

□ 春	**printemps** プレンタン
□ 夏	**été** エテ
□ 秋	**automne** オトヌ
□ 冬	**hiver** イヴェル

■ 方角・方向 CD 09

□ 東	**est** エストゥ
□ 西	**ouest** ウエストゥ
□ 南	**sud** スュドゥ
□ 北	**nord** ノル
□ 右	**droite** ドロワットゥ
□ 左	**gauche** ゴシュ
□ ここ	**ici** イスィ
□ あそこ	**là-bas** ラ バ

基本単語

■ 職業 CD 10

□ 会社員	employé[e] de bureau	アンプロワイエ ドゥ ビュロ
□ 学生	étudiant[e]	エテュディヤン［トゥ］
□ エンジニア	ingénieur	エンジェニウル
□ 公務員	fonctionnaire	フォンクスィヨネル
□ 教師	professeur	プロフェスル
□ 看護師	infirmier[ière]	エンフィルミエ［ル］
□ 主婦	femme au foyer	ファム オ フォワイエ

■ 家族 CD 11

□ 両親	parents	パラン
□ 夫	mari	マリ
□ 妻	femme	ファム
□ 父	père	ペル
□ 母	mère	メル
□ 息子	fils	フィス
□ 娘	fille	フィユ
□ 兄弟	frère	フレル
□ 姉妹	sœur	スル
□ おじ	oncle	オンクル
□ おば	tante	タントゥ

□ 甥（おい） **neveu**
ヌヴ

□ 姪（めい） **nièce**
ニエス

□ いとこ **cousin**
クゼン

□ いとこ **cousine**
クズェヌ

□ 祖父 **grand-père**
グラン　ペル

□ 祖母 **grand-mère**
グラン　メル

□ 孫 **petit-fils**
プティ フィス

□ 孫 **petite-fille**
プティトゥ　フィユ

■ 体の名称 CD 12

□ 毛髪 **cheveu**
シュヴ

□ 頭 **tête**
テットゥ

□ 額 **front**
フロン

□ 頬 **joue**
ジュ

□ 耳 **oreille**
オレィユ

□ まゆ毛 **sourcil**
スルスィ

□ 目 **œil**
ウィユ
yeux
ユ

□ 鼻 **nez**
ネ

□ 口 **bouche**
ブシュ

□ 唇 **lèvre**
レヴル

基本単語

- □ 舌 langue ラング
- □ 歯 dent ダン
- □ あご menton マントン
- □ のど gorge ゴルジュ
- □ 首 cou ク
- □ 肩 épaule エポル
- □ 腕 bras ブラ
- □ ひじ coude クドゥ
- □ 手 main メン
- □ 指 doigt ドワ
- □ 爪 ongle オングル
- □ 背中 dos ド
- □ 胸 poitrine ポワトゥレヌ
- □ 腹 ventre ヴァントゥル
- □ へそ nombril ノンブリル
- □ 腰 reins レン
- □ 尻 hanches アンシュ
- □ もも cuisse キュイス
- □ ひざ genou ジュヌ
- □ 脚 jambe ジャンブ
- □ 足 pied ピエ

■色 CD 13

□ 白い	**blanc**	ブラン
	blanche	ブランシュ
□ 黒い	**noir[e]**	ノワル
□ 赤い	**rouge**	ルジュ
□ 黄色い	**jaune**	ジョヌ
□ 茶色い	**marron**	マロン
□ 青い	**bleu[e]**	ブル
□ 緑の	**vert[e]**	ヴェル［トゥ］
□ 紫の	**violet[te]**	ヴィオレ［トゥ］
□ オレンジの	**orange**	オランジュ
□ ベージュの	**beige**	ベジュ
□ ピンクの	**rose**	ロズ
□ 褐色の	**brun[e]**	ブラン（ブリュヌ）
□ 灰色の	**gris[e]**	グリ［ズ］

Leçon 2

55パターンで
スッキリ話せる
フランス語

1

CD 14

「これは［こちらは］～です」

C'est + 名詞.
セ

◆ものを指し示したり，人を紹介するとき

ce は「これ」「それ」「あれ」の意味。**c'est ~** は「これは［こちらは］～です」と説明したり，人を紹介するときなど，さまざまな用法のある活用の広い表現です。次に母音がくると **C'** となります。

C'est [= Ce est → C'est] sont（**sont** は複数）

C'est は英語の This is，That is，It is にあたります。

語句を入れ替えて"とことん"レッスン！

❶ 土曜日です。

❷ これは自分用です。

❸ こちらは310号室です。

❹ これはコワレモノです。

❺ こちら（この方）は鈴木さんです。

❻ あれは病院です。

❼ こちらは妻のマリーです。

組み立てのポイント

「これは〜です」	+	クレジットカード
↓		↓
C'est セ		**une carte de crédit.** ユヌ　キャルト　ドゥ　クレディ

これはクレジットカードです。

▼対話してみましょう!

A: これはあなたへのプレゼントです。

C'est un cadeau pour vous.
セテン　カド　プル　ヴ

B: ありがとう。

Merci.
メルスィ

---

❶ **C'est samedi.**
セ　サムディ

❷ **C'est pour moi.**
セ　プル　モワ

❸ **C'est la chambre 310.**
セ　ラ　シャンブル　トゥロワッサンディス

❹ **C'est un colis fragile.**
セテン　コリ　フラジル

❺ **C'est Monsieur Suzuki.**
セ　ムスィユ　スズキ

❻ **C'est un hôpital.**
セテン　ノピタル

❼ **C'est Marie, ma femme.**
セ　マリ　マ　ファム

2

CD 15

「これは〜ですね」

C'est + 形容詞.

セ

◆物をほめるときや説明するとき

ce は「これ」「それ」「あれ」の意味ですね。

c'est ＋形容詞は「これは〜ですね」と物をほめるときや説明するときなどの表現です。

c'est のあとの形容詞 **bon** は，料理がおいしいとか物の品質が良いという意味で使います。

語句を入れ替えて "とことん" レッスン！

❶ どうもご親切に。

❷ それは残念ですね。

❸ 感動的ですね。

❹ 素晴らしいですね。

❺ とてもすばらしいです。

❻ とてもおいしいですね。（料理の場合）

❼ すごくおいしいです。（果物，ケーキなど）

組み立てのポイント

「これは～です」 ＋ 美しい

↓ C'est（セ）

↓ beau.（ボ）

これは美しいですね。

▼関連表現・事項

C'est vrai［ヴレ］	「本当の」
C'est facile［ファスィル］	「簡単な」
C'est difficile［ディフィスィル］	「難しい」
C'est possible［ポスィブル］	「可能な」

❶ **C'est très gentil.**
セ トゥレ ジャンティ

❷ **C'est dommage.**
セ ドマジュ

❸ **C'est très impressionnant.**
セ トレゼンプレスィオナン

❹ **C'est magnifique.**
セ マニフィク

❺ **C'est excellent.**
セ テクセラン

❻ **C'est très bon.**
セ トゥレ ボン

❼ **C'est délicieux.**
セ デリスィユ

3

CD 16

「これは〜ですか？」

C'est + 名詞 [形容詞] ?

セ

◆確認や状態をたずねるとき

ce は「これ」「それ」「あれ」の意味。

c'est ~? は「これは〜ですか？」とたずねるときの表現です。

c'est ~? は英語の Is this ~?, Is that~ ?, Is it ~? にあたります。

次に母音がくると c' となります。

語句を入れ替えて "とことん" レッスン！

❶ そちらは56 23 11 72ではありませんか？

❷ これはほんとうですか？

❸ これは簡単ですか？

❹ これは難しいですか？

❺ これは可能ですか？

❻ 土曜日ですか？

❼ これはあなたのスーツケースですか？

組み立てのポイント

「これは〜ですか？」 + ここから近い

C'est (セ) **près d'ici?** (プレ ディスィ)

ここから近いですか？

▼対話してみましょう!

A: こちらは美術館ですか？

C'est un musée?
セテン ミュゼ

B: はい，美術館です。

Oui, c'est un musée?
ウィ セテン ミュゼ

---

❶ **C'est bien le 56 23 11 72?** 電話番号は２桁ずつ区切って読みます。
セ ビエン ル サンカン スィス ヴァントロワ オンズ ソワサンドゥズ

❷ **C'est vrai?**
セ ヴレ

❸ **C'est facile?**
セ ファスィル

❹ **C'est difficile?**
セ ディフィスィル

❺ **C'est possible?**
セ ポスィブル

❻ **C'est samedi?**
セ サムディ

❼ **C'est votre valise?**
セ ヴォトゥル ヴァリズ

4

CD 17

「これは〜ではありません」

C'est pas + 名詞[形容詞].

セ　パ

◆「〜でない」と否定するとき

C'est ~.（これは〜です）を否定文（これは〜ではありません）にするには **est** を **ne** と **pas** ではさみます。母音または **h**（無音）の前では **ne** は **n'** になりまから，**ne est** は **n'est** となります。

会話では **C'est pas ~.** が自然な言い方として使われます。

語句を入れ替えて "とことん" レッスン！

❶ 本当ではありません。

❷ 美しくありません。

❸ 簡単ではありません。

❹ 難しくはありません。

❺ 可能ではありません。

❻ これは腕時計ではありません。

❼ これは貴重品ではありません。

組み立てのポイント

「これは～ではありません」 + 鍵

C'est pas
セ　パ

une clé.
ユヌ　クレ

これは鍵ではありません。

▼ 対話してみましょう!

A: ここから遠いですか？
C'est loin d'ici?
セ　ロワン　ディスィ

B: いいえ, そんなに遠くはありませんよ。
Non, c'est pas très loin.
ノン　セ　パ　トゥレ　ロエン

---

❶ **C'est pas vrai.**
セ　パ　ヴレ

❷ **C'est pas beau.**
セ　パ　ボ

❸ **C'est pas facile.**
セ　パ　ファスィル

❹ **C'est pas difficile.**
セ　パ　ディフィスィル

❺ **C'est pas possible.**
セ　パ　ポスィブル

❻ **C'est pas une montre.**
セ　パ　ユヌ　モントル

❼ **C'est pas un objets précieux.**
セ　パ　エン　オブジェ　プレスィウ

5

CD 18

「これは～のものです」

C'est à ~.
セタ

◆だれかの所有を表すとき

「私の」「あなたの」のように，だれかの所有を表すときに使うパターン。ここで用いる強勢形人称代名詞は，独立して名詞的に使えます。

「これは～のものではありません」と否定するときは，次の形になります。 **Ce ~ n'est pas à ... .**
ス　ネ　パ

語句を入れ替えて"とことん"レッスン！

❶ これは私のものです。

❷ これは彼のものです。

❸ これは彼女のものです。

❹ これは君のものです。

❺ これは彼らのものです。

❻ これは私たちのものです。

❼ サイズはぴったりです。

組み立てのポイント

「これは～のものです」	＋	君たち
↓		↓
C'est à セタ		**vous** ヴ

これは君たちのものです。

▼関連表現・事項

人称代名詞（目的格の強勢形）

私	me	→	**moi**	私たち	nous	→	**nous**
君	te	→	**toi**	あなた（たち）君たち	vous	→	**vous**
彼	le	→	**lui**	彼ら	les	→	**eux**
彼女	la	→	**elle**	彼女たち	les	→	**elles**

❶ **C'est à moi.**
セタ　モワ

❷ **C'est à lui.**
セタ　リュイ

❸ **C'est à elle.**
セタ　エル

❹ **C'est à toi.**
セタ　トワ

❺ **C'est à eux.**
セタ　ウ

❻ **C'est à nous.**
セタ　ヌ

❼ **C'est à ma taille.**
セタ　マ　タイユ

6

CD 19

「～すぎる」

C'est trop ～.

セ　トゥロ

◆「あまりに～すぎる」と言うとき

「大きすぎる」とか「きつすぎる」というように，程度や状態が「あまりに～すぎる」と言うときのパターンです。

C'est trop ＋ 形容詞 **.** の構文では，形容詞は男女を使い分けさせません。

語句を入れ替えて"とことん"レッスン！

❶ 大きすぎます。

❷ 小さすぎます。

❸ 長すぎます。

❹ 短すぎます。

❺ きついです。

❻ ゆるいです。

❼ 高すぎます。

組み立てのポイント

「～すぎる」	+	甘い
↓		↓
C'est trop セトゥロ		**sucré.** シュクレ

甘すぎます。

▼関連表現・事項

「ちょっと～すぎる」と言うには?

「ちょっと～すぎる」の「ちょっと」は **un peu** を使います。

C'est un peu trop long.
セテン　プ　トゥロ　ロン

(ちょっと長すぎます)

---

1. **C'est trop grand.**
セ　トゥロ　グラン
2. **C'est trop petit.**
セ　トゥロ　プティ
3. **C'est trop long.**
セ　トゥロ　ロン
4. **C'est trop court.**
セ　トゥロ　クル
5. **C'est trop serré.**
セ　トゥロ　セレ
6. **C'est trop lâche.**
セ　トゥロ　ラッシュ
7. **C'est trop cher.**
セ　トゥロ　シェル

7

CD 20

「私は～です」

Je suis + 名詞.

ジュ　スュイ

◆ 自己紹介をするとき

自己紹介をするときのパターンです。**Je suis ~.** を使って名前や職業が言えます。初対面でのあいさつと自己紹介表現は，さっと言い出せるようにしておきましょう。

Je suis の後には，名前や職業などの名詞（冠詞を付けません）の代わりに，形容詞を置くこともできます。

語句を入れ替えて“とことん”レッスン！

❶ 私は日本人です。／私は日本出身です。

❷ 私は学生です。

❸ 私は会社員です。

❹ 私は技術者です。

❺ 私は公務員です。

❻ 私は教師です。

❼ 私は看護師です。

組み立てのポイント

「私は～です」	+	主婦
↓		↓
Je suis		**femme au foyer.**
ジュ　スュイ		ファム　オ　フォワイエ

私は主婦です。

▼対話してみましょう!

A: あなたはフランス人ですか？

Vous êtes français[e]?
ヴゼットゥ　フランセ［ズ］

B: 私はフランス人ではありません。

Non, je ne suis pas français[e].
ノン　ジュ　ヌ　スュイ　パ　フランセ［ズ］

---

❶ **Je suis japonais[e].**
ジュ　スュイ　ジャポネ［ズ］

❷ **Je suis étudiant[e].**
ジュ　スュイ　エテュディヤント［ゥ］

❸ **Je suis employé[e] de bureau.**
ジュ　スュイ　アンプロワイエ　ドゥ　ビュロ

❹ **Je suis ingénieur.**
ジュ　スュイ　アンジェニウル

❺ **Je suis fonctionnaire.**
ジュ　スュイ　フォンクスィヨネル

❻ **Je suis professeur.**
ジュ　スュイ　プロフェスル

❼ **Je suis infirmier[ère].**
ジュ　スュイ　エンフィルミエ［ル］

8

CD 21

「私は～です」

Je suis + 形容詞.

ジュ　　スユイ

◆自分の感情や状態を言うとき

Je suis ＋ 形容詞 **.** は自分が「どんな状態なのか」や気持ちを説明することができます。形容詞は話し手の性別によって男性形と女性形を使い分けます。**-e** を加えると女性形になるのが原則。**-e** は同じ形の **-e** ですね。**Je suis** の後には，名前や職業などの名詞（冠詞を付けません）の代わりに，形容詞を置くこともできます。

語句を入れ替えて "とことん" レッスン！

❶ 私は幸せです。

❷ 忙しいです。

❸ 暇です。

❹ 酔っています。

❺ 体の調子が悪いです。

❻ 緊張しています。

❼ 気に入ってもらってうれしいです。

組み立てのポイント

「私は〜です」	+	うれしい
⬇		⬇
Je suis ジュ　スュイ		**content[e].** コンタン［ト］

私はうれしいです。

▼対話してみましょう!

A: お会いできてうれしいです。

Je suis heureux[se] de faire votre connaissance.
ジュ　スュイ　ウル［ズ］　ドゥ　フェル　ヴォトゥル　コネッサンス

B: こちらこそ。

Moi aussi.
モワ　オスィ

---

❶ **Je suis heureux[se].**
ジュ　スュイ　ウル［ズ］

❷ **Je suis occupé[e].**
ジュ　スュイ　オキュペ

❸ **Je suis libre.**
ジュ　スュイ　リブル

❹ **Je suis ivre.**
ジュ　スュイ　イヴル

❺ **Je suis malade.**
ジュ　スュイ　マラッド

❻ **Je suis tendu[e].**
ジュ　スュイ　テンデュ

❼ **Je suis content[e] que ça vous ait plu.**
ジュ　スュイ　コンタント［ゥ］　ク　サ　ヴゼ　プリュ

9

CD 22

「あなたは～ですか？」

Vous êtes + 名詞～?

ヴゼットゥ

◆相手のことをいろいろ確認するとき

相手の職業や国籍などを，「あなたは～ですか？」といろいろと確認するときのパターンです。

Vous êtes の後ろには，「相手に対して確認すること」を入れます。

vous は，本来は２人称複数の人称代名詞ですが，ていねいな２人称単数として「あなた」としても用いられます。

語句を入れ替えて“とことん”レッスン！

❶ あなたは学生ですか？

❷ あなたは中国人ですか？

❸ あなたは先生ですか？

❹ 何年生ですか？

❺ あなたはフランス人ですか？

❻ あなたは韓国人ですか？

❼ あなたは会社員ですか？

組み立てのポイント

「あなたは〜ですか？」 ＋ マダム・デュジャルダン

Vous êtes **Madame Dujardin?**
ヴゼットゥ マダム デュジャルダン

あなたはマダム・デュジャルダンですか？

▼関連表現・事項

A: 日本の方ですか？

Vous êtes japonais[e]?
ヴゼットゥ ジャポネ［ズ］

B: はい，私は日本人です。

Oui, je suis japonais[e].
ウイ ジュ スュイ ジャポネ［ズ］

---

❶ **Vous êtes étudiant[e]?**
ヴゼットゥ エテュディヤント［ゥ］

❷ **Vous êtes chinois[e]?**
ヴゼットゥ シノワ［ズ］

❸ **Vous êtes professeur?**
ヴゼットゥ プロフェッスル

❹ **Vous êtes en quelle année?**
ヴゼットゥ アン ケラネ

❺ **Vous êtes francais[e]?**
ヴゼットゥ フランセ［ズ］

❻ **Vous êtes coréen[ne]?**
ヴゼットゥ コレアン［コレエヌ］

❼ **Vous êtes employé[e] de bureau?**
ヴゼットゥ アンプロワイエ ドゥ ビュロ

10

CD 23

「あなたは〜ですか？」

Vous êtes [avez]+ 形容詞 ~?

ヴゼットゥ　ヴザベ

◆ 相手の状態をたずねるとき

相手の状態や感情など，「あなたは〜ですか？」といろいろと確認するときのパターンです。形容詞は話し手の性別によって男性形と女性形を使い分けます。**-e** を加えると女性形になるのが原則。**-e** は同じ形の **-e**。

Vous êtes の後ろには，「相手に確認する状態や感情」を入れます。

êtes（= 英語の be）　**avoir**（= 英語の have）

語句を入れ替えて “とことん” レッスン！

❶ あなたはうれしいですか？

❷ あなたは忙しいですか？

❸ あなたは悲しいですか？

❹ あなたは幸せですか？

❺ あなたは緊張しているのですか？

❻ あなたは疲れているのですか？

❼ あなたは空腹ですか？

組み立てのポイント

「あなたは～ですか？」 + 疲れている

Vous êtes **fatigué[e]?**
ヴゼットゥ ファティゲ

あなたは疲れていますか？

▼対話してみましょう!

A: あなたはとても感じのいい方ですね。

Vous êtes très sympa.
ヴゼットゥ トゥレ サンパ

B: ありがとう。

Merci.
メルスィ

---

❶ **Vous êtes content[e]?**
ヴゼットゥ コンタン［ト］

❷ **Vous êtes occupé[e]?**
ヴゼットゥ オキュペ

❸ **Vous êtes triste?**
ヴゼットゥ トリスト

❹ **Vous êtes heureux[se]?**
ヴゼットゥ ウル［ズ］

❺ **Vous êtes tendu[e]?**
ヴゼットゥ テンデュ

❻ **Vous êtes fatigué[e]?**
ヴゼットゥ ファティゲ

❼ **Vous avez faim?**
ヴザベ フェン

11

CD 24

「私は～ではありません」

Je ne suis pas + 名詞 [形容詞].

ジュ　ヌ　スュイ　パ

◆否定や否定的な感情を表すとき

Je suis ~.（私は～です）を否定文（私は～ではありません）にするには **suis** を **ne** と **pas** ではさみます。

Je ne suis pas ＋ 名詞 . は自分の職業や国籍などがそうでないことを説明するとき。

Je ne suis pas ＋ 形容詞 . は自分が「そういう状態や気持ちではないことを説明するときのパターンです。

語句を入れ替えて "とことん" レッスン！

❶ 私は教師ではありません。

❷ 私は会社員ではありません。

❸ 私は主婦ではありません。

❹ 私は忙しくありません。

❺ 私は幸せではありません。

❻ 私は悲しくありません。

❼ 私は眠くはありません。

組み立てのポイント

「私は～ではありません」 ＋ 疲れている

↓ Je ne suis pas
ジュ ヌ スュイ パ

↓ **fatigué[e].**
ファティゲ

私は疲れていません。

▼関連表現・事項

□ がっかりです。
Je suis déçu[e].
ジュ スィ デジュ

□ 驚いています。
Je suis étonné[e].
ジュ スィ エトネ

---

❶ Je ne suis pas **professeur.**
ジュ ヌ スュイ パ プロフェスル

❷ Je ne suis pas **employé[e] de bureau.**
ジュ ヌ スュイ パ アンプロワイエ ドゥ ビュロ

❸ Je ne suis pas **femme au foyer.**
ジュ ヌ スュイ パ ファム オ フォワイエ

❹ Je ne suis pas **occupé[e].**
ジュ ヌ スュイ パ オキュペ

❺ Je ne suis pas **heureux[se].**
ジュ ヌ スュイ パ ウル［ズ］

❻ Je ne suis pas **triste.**
ジュ ヌ スュイ パ トリスト

❼ Je n'ai pas **sommeil.**
ジュ ネ パ ソメイユ

12

CD 25

「すみません，～。」「すみません，～？」

Excusez-moi ~.[?]

エクスキュゼ　モワ

◆「恐れ入りますが…」と言うとき

Pardon ［パルドン］も同じように軽く謝りたいときのパターンです。「恐れ入りますが…」という意味を表すときに使います。

また，呼びかけるときの「すみませんが…」にもこの **Excusez-moi.** や **Pardon.** を用います。（**madame / monsieur / mademoiselle** を後につけます）

語句を入れ替えて“とことん”レッスン！

❶ すみません，あの席へ移ってもいいですか？

❷ すみません，ちょっと通してください。

❸ すみません，降ります。

❹ すみません，私の写真を撮っていただけますか？

❺ すみません，間違えました。

❻ すみません，ちょっとお願いします。

❼ すみません，少し遅れます。

組み立てのポイント

「すみません，〜」 ＋ シートを倒してもいいですか？

Excusez-moi, je peux incliner mon siège?
エクスキュゼ　モワ　ジュ　プ　エンクリネ　モン　スィエジュ

すみません、シートを倒してもいいですか？

▼ 対話してみましょう!

A:すみません。番号を間違えました。

Excusez-moi. Je me suis trompé[e] de numéro.
エクスキュゼ　モワ　ジュ　ム　スュイ　トロンペ　ドゥ　ニュメロ

B: 大丈夫ですよ。

Ce n'est rien.
ス　ネ　リエン

❶ **Excusez-moi, je peux changer pour cette place?**
エクスキュゼ　モワ　ジュ　プ　シャンジェ　プル　セットゥ　プラス

❷ **Excusez-moi, je voudrais passer.**
エクスキュゼ　モワ　ジュ　ヴドゥレ　パッセ

❸ **Excusez-moi, je descends.**
エクスキュゼ　モワ　ジュ　デサン

❹ **Excusez-moi, vous pouvez me prendre en photo?**
エクスキュゼ　モワ　ヴ　プヴェ　ム　プランドゥル　アン　フォト

❺ **Excusez-moi, je me suis trompé[e].**
エクスキュゼ　モワ　ジュ　ム　スュイ　トロンペ

❻ **Excusez-moi, pouvez-vous m'aider?**
エクスキュゼ　モワ　プヴェ　ヴ　メデ

❼ **Excusez-moi, je serai un peu en retard.**
エクスキュゼ　モワ　ジュ　スレ　エン　プ　アン　ルタル

13

CD 26

「～をお願いします」

～, s'il vous plaît.

スィル　ヴ　プレ

◆人にものを頼んだりお願いしたりするとき

人にものを頼んだりお願いしたりするときのパターンです。お願いしたいこと人や物の後ろに **s'il vous plaît** を付けるだけで「(よろしければ) ～をください」と伝えることができます。英語の please に相当します。**s'il = si il** … エリジョオンされて **s'il**となります。
Plaît (原形は**plaire**) は「気にいる」という意味の動詞。

語句を入れ替えて"とことん"レッスン！

❶ コーヒーを１杯ください。

❷ パンをください。

❸ ミネラルウォーターをください。

❹ お医者さんを呼んでください。

❺ 警察を呼んでください。

❻ ムッシュ・アルビさんをお願いします。

❼ お勘定をお願いします。

組み立てのポイント

あなたの E メールアドレス ＋ 「～をお願いします」

⬇ ⬇

Votre adresse e-mail , s'il vous plaît.

ヴォトル アドゥレス イメル スィル ヴ プレ

あなたの E メールアドレスをお願いします。

▼ 対話してみましょう!

A: キムラ様, 入ってもよろしいですか？

Mademoiselle Kimura, puis-je entrer?

マドゥモワゼル キムラ ピュイ ジュ アントレ

B: ちょっと待ってください。

Un instant, s'il vous plaît.

アネンスタン スィル ヴ プレ

---

1. **Un café, s'il vous plaît.**
   エン カフェ スィル ヴ プレ
2. **Du pain, s'il vous plaît.**
   デュ ペン スィル ヴ プレ
3. **De l'eau minérale, s'il vous plaît.**
   ドゥ ロ ミネラル スィル ヴ プレ
4. **Un médecin, s'il vous plaît.**
   エン メドゥセン スィル ヴ プレ
5. **Appelez la police, s'il vous plaît.**
   アプレ ラ ポリス スィル ヴ プレ
6. **Monsieur Albi, s'il vous plaît.**
   ムスィユ アルビ スィル ヴ プレ
7. **L'addition, s'il vous plaît.**
   ラディスィヨン スィル ヴ プレ

14

CD 27

「私は～がほしいのですが」

Je voudrais +［名詞］.

ジュ　ヴドゥレ

◆ほしい物を相手に伝えるとき

「物を買うとき」や「ほしい物を伝えるとき」などに使うパターン。

Je voudrais の後に名詞を置けば，「～がほしいのですが」の気持ちを伝えることができます。英語の I would like ~. に相当します。

voudrais は **vouloir**（ほしい / したい）の条件法。「できれば～がほしい［したい］のですが」と欲求を婉曲に表現するていねいな言い方です。

語句を入れ替えて "とことん" レッスン！

❶ これがほしいのですが。

❷ ビールがほしいのですが。

❸ プロヴァンス・コットンのワンピースがほしいのですが。

❹（何本かの）チューリップがほしいのですが。

❺ 枕がほしいのですが。

❻ 眺めのよい席がいいのですが。

❼ 魚とサラダをください。

組み立てのポイント

「私は～がほしい」	+	内線 135 番
↓		↓
Je voudrais		le poste 135.
ジュ ヴドゥレ		ル ポストゥ アン トゥロワ サンク

内線 135 番をお願いします。

▼対話してみましょう!

A: ご注文をうかがいましょうか？

Puis-je prendre votre commande?
ピュイ ジュ プランドル ヴォトル コマンド

B: ペッパーステーキがほしいのですが。

Je voudrais un steak au poivre.
ジュ ヴドゥレ アン ステッコ ポワヴル

---

❶ **Je voudrais ça.**
ジュ ヴドゥレ サ

❷ **Je voudrais une bière.**
ジュ ヴドゥレ ユヌ ビエル

❸ **Je voudrais une robe en coton provençal.**
ジュ ヴドゥレ ユヌ ロブ アン コトン プロヴァンサル

❹ **Je voudrais des tulipes.**
ジュ ヴドゥレ デ テュリプ

❺ **Je voudrais un oreiller.**
ジュ ヴドゥレ エン ノレイエ

❻ **Je voudrais une table avec une belle vue.**
ジュ ヴドゥレ ユヌ タブル アヴェキュヌ ベル ヴュ

❼ **Je voudrais du poisson et de la salade.**
ジュ ヴドゥレ デュ ポワソン エ ドゥ ラ サラドゥ

15

CD 28

「～はいかがですか？」

Vous voulez + 名詞 / 動詞の原形？

ヴゥ　ヴゥレ

◆ 相手に何かを勧めるとき

「～はいかがですか」と相手に何かを勧めるときのパターン。**vous** は，本来は２人称複数の人称代名詞ですが，ていねいな２人称単数として「あなた」としても用いられます。**Vous voulez [= voulez-vous] ~?**

文脈によっては，**vouloir** + 動詞の原形で「～してくれませんか？」という依頼の表現にもなります。

語句を入れ替えて "とことん" レッスン！

❶ 砂糖はいかがですか？

❷ ジャムはいかがですか？

❸（１綴りの）回数券がほしいですか？

❹ コーヒーをお飲みになりますか？

❺ 少々お待ちいただけますか？

❻ 記念切手はいかがですか？

❼ 一緒に踊っていただけますか？

組み立てのポイント

「～はいかがですか？」 ＋ 私たちと一緒に夕食をとる

↓ ↓

Vous voulez **dîner avec nous?**
ヴゥ ヴレ ディネ アヴェック ヌ

私たちと一緒に夕食をいかがですか？

▼対話してみましょう!

A: アペリティフはいかがですか？

Voulez-vous prendre un apéritif?
ヴゥレ ヴゥ プランドゥル エン アペリティフ

B: はい，喜んでいただきます。/いいえ，結構です。

Oui, volontiers, Madame. / Non, merci.
ウィ ヴォロンティエ マダム ノン メルスィ

---

❶ **Vous voulez du sucre?**
ヴゥ ヴゥレ デュ スュクル

❷ **Vous voulez de la confiture?**
ヴゥ ヴゥレ ドゥ ラ コンフィテュル

❸ **Vous voulez un carnet?**
ヴゥ ヴゥレ エン カルネ

❹ **Vous voulez prendre un café?**
ヴゥ ヴゥレ プランドレン カフェ

❺ **Vous voulez attendre un instant?**
ヴゥ ヴゥレ アタンドゥル エンネンスタン

❻ **Vous voulez des timbres de collection?**
ヴゥ ヴゥレ デ タンブル ドゥ コレクスィヨン

❼ **Vous voulez danser avec moi?**
ヴゥ ヴゥレ ダンセ アヴェック モワ

16

CD 29

「私は～しません」

Je ne ~ pas ~.

ジュ　ヌ　　　パ

◆「～しません」と否定するとき

否定形は動詞の前に **ne**，後に **pas** をおいて〈**ne** ＋動詞の活用形＋ **pas**〉の形にします。つまり，動詞を **ne** と **pas** ではさみます。〈**ne** ＋動詞 ＋ **pas**〉

動詞が母音または h（無音）で始まる場合は，**ne** は **n'** となります。

語句を入れ替えて "とことん" レッスン！

❶ これは注文していません。

❷ 私の荷物が見当たりません。

❸ 違うと思います。

❹ できません。

❺ 今夜のパーティには行けません。

❻ 私は料理ができません。

❼ 私はお酒が飲めません。

組み立てのポイント

「～しません」 ＋ ここで降りる

↓ ↓

Je ne **descends pas ici.**
ジュ ヌ デサン パ イスィ

私はここで降りません。

▼対話してみましょう!

A: 頼んだものがまだこないのですが。

Je ne suis pas encore servi[e].
ジュ ヌ スュイ パ アンコール セルヴィ

B: すぐ確認いたします。

Je vais vérifier ça tout de suite.
ジュ ヴェ ヴェリフィエ サ トゥ ドゥ スュイットゥ

---

1. **Je n'ai pas commandé ça.**
ジュ ネ パ コマンデ サ

2. **Je ne trouve pas mes bagages.**
ジュ ヌ トゥルヴ パ メ バガジュ

3. **Je ne pense pas.**
ジュ ヌ パンス パ

4. **Je ne peux pas.**
ジュ ヌ プ パ

5. **Je ne pourrai pas venir à la soirée ce soir.**
ジュ ヌ プレ パ ヴニル ア ラ ソワレ ス ソワル

6. **Je ne sais pas faire la cuisine.**
ジュ ヌ セ パ フェル ラ キュイズィヌ

7. **Je ne bois pas.**
ジュ ヌ ブワ パ

17

CD 30

「〜したいのですが」

Je voudrais + 動詞の原形.

ジュ　ヴドゥレ

◆ていねいで婉曲（やわらかい）な表現

「何かをしたい」ときのひかえめな表現のパターンです。

Je voudrais の後に動詞を置くと，「〜したい」といった気持ちが表現できます。**voudrais** は **vouloir**（ほしい / したい）の条件法。「できれば〜がほしい［したい］のですが」と欲求を婉曲に表現するていねいな言い方です。**voudrais** の **s** は発音しません。

語句を入れ替えて“とことん”レッスン！

❶ エッフェル塔を見たいのですが。

❷ 香水を買いたいのですが。

❸ テニスをしたいのですが。

❹ ヴェルサイユ宮殿を訪れたいのですが。

❺ 5万円を両替したいのですが。

❻ トイレに行きたいのですが。

❼ フォワグラを食べたいのですが。

組み立てのポイント

「〜したいのですが」 + このスカーフを見る

↓ ↓

Je voudrais **voir ce foulard.**
ジュ ヴドゥレ ヴォワル ス フラル

このスカーフを見たいのですが。

▼対話してみましょう!

A: この土地のワインを飲みたいのですが。

Je voudrais boire du vin du pays.
ジュ ヴドゥレ ボワル デュ ヴェン デュ ペイ

B: この白ワインがおすすめです。

Je vous recommande ce vin blanc.
ジュ ヴ ルコマンッド ス ヴェン ブラン

---

1. **Je voudrais voir la tour Eiffel.**
ジュ ヴドゥレ ヴォワル ラ トゥル エッフェル

2. **Je voudrais acheter du parfum.**
ジュ ヴドゥレ アシュテ デュ パルファン

3. **Je voudrais faire du tennis.**
ジュ ヴドゥレ フェル デュ テニス

4. **Je voudrais visiter le château de Versailles.**
ジュ ヴドゥレ ヴィズィテ ル シャト ドゥ ヴェルサィユ

5. **Je voudrais changer cinquante-mille yens.**
ジュ ヴドゥレ シャンジェ センカント ミリィエンヌ

6. **Je voudrais aller aux toilettes.**
ジュ ヴドゥレ アレ オ トゥワレトゥ

7. **Je voudrais manger du foie gras.**
ジュ ヴドゥレ マンジェ デュ フォワ グラ

18

CD 31

「～はいかがですか？」

Vous voulez + 動詞の原形?

ヴ　ヴレ

◆相手に何かを勧めるとき

このパターンは「何かをしたいですか？」と聞くときのひかえめな表現パターンです。**Vous voulez** の後に動詞のときは「～したいですか？」，文脈によっては，「～してくださいますか？」（ていねいな命令の表現）の意味になります。

Vous voulez [= **voulez-vous**]**~?**

語句を入れ替えて"とことん"レッスン！

❶ ヴェルサイユ宮殿に行きたいですか？

❷ ケーキをもっといかがですか？

❸ ラジオを聞きたいですか？

❹ コーヒーをお飲みになりますか？

❺ 一緒に踊っていただけますか？

❻ 私たちと一緒に夕食はいかがですか？

❼ 少々お待ちいただけますか？

組み立てのポイント

「〜はいかがですか？」 ＋ ワインをもっと

↓ ↓

Vous voulez **encore du vin?**

ヴ ヴレ アンコル ドュ ヴェン

ワインをもっといかがですか？

▼対話してみましょう!

A: 何かお飲みになりませんか？

Vous voulez boire quelque chose?

ヴ ヴレ ボワル ケルク ショーズ

B: はい, いただきます。

Oui, je veux bien.

ウイ ジュ ヴ ビエン

---

❶ **Vous voulez visiter le château de Versailles?**

ヴ ヴレ ヴィズィテ ル シャト ドゥ ヴェルサイユ

❷ **Vous voulez encore du gâteau?**

ヴ ヴレ アンコル ドュ ガト

❸ **Vous voulez écouter la radio?**

ヴ ヴレ エクテ ラ ラディョ

❹ **Vous voulez prendre un café?**

ヴ ヴレ プランドレン カフェ

❺ **Vous voulez danser avec moi?**

ヴ ヴレ ダンセ アヴェック モワ

❻ **Vous voulez dîner avec nous?**

ヴ ヴレ ディネ アヴェック ヌ

❼ **Vous voulez attendre un instant?**

ヴ ヴレ アタンドゥル エンネンスタン

19

CD 32

「～を教えていただけますか？」

Vous pouvez me [donner] ~?
ヴ　プヴェ　ム　ドネ

◆「～を教えていただけますか?」と頼むとき

動詞の原形の目的語が **me** のような人称代名詞のときは，それを動詞の原形の前に置きます。

頼みごとをするときのていねいな言い出し方が **Vous pouvez ~?** のパターンです。

語句を入れ替えて "とことん" レッスン！

❶ メールアドレスを教えてください。

❷ 住所を教えていただけますか？

❸ 番号を教えていただけますか？

❹ この地図で道を教えていただけますか？

❺ この料理の作り方を教えていただけますか？

❻ 何か目印を教えていただけますか？

❼ フランス語を教えていただけますか？

組み立てのポイント

「～を教えていただけますか？」 ＋ 郵便局

⬇ ⬇

Vous pouvez m' indiquer la poste?
ヴ プヴェ メンディケ ラ ポストゥ

郵便局を教えていただけますか？

▼対話してみましょう!

A: 調理方法を教えていただけますか？

Vous pouvez me donner la recette?
ヴ プヴェ ム ドネ ラ ルセットゥ

B: はい，よろこんで。

Oui, avec plaisir.
ウィ アヴェック プレズィル

---

❶ **Vous pouvez me donner votre adresse e-mail?**
ヴ プヴェ ム ドネ ヴォトゥル アドゥレス イメル

❷ **Vous pouvez me donner votre adresse?**
ヴ プヴェ ム ドネ ヴォトラドゥレス

❸ **Vous pouvez me donner votre numéro?**
ヴ プヴェ ム ドネ ヴォトゥル ニュメロ

❹ **Vous pouvez me montrer le chemin sur ce plan?**
ヴ プヴェ ム モントゥレ ル シュメン スュル ス プラン

❺ **Vous pouvez me donner la recette de ce plat?**
ヴ プヴェ ム ドネ ラ ルセットゥ ドゥ ス プラ

❻ **Vous pouvez me donner un point de repère?**
ヴ プヴェ ム ドネ エン ポワン ドゥ ルペル

❼ **Vous pouvez m'apprendre le français?**
ヴ プヴェ マプランドル ル フランセズ

20

CD 33

「私は…を持っています」

J'ai ~.

ジェ

◆「もっている」と相手に伝えるとき

何か具体的な物を持っているときに使うだけでなく，「おなかが空いた」，「暑い」など自分の体の状態を言うときにも使えるパターン。

ai は **avoir**（持っている）の活用形。

je の後に母音で始まる動詞がくるときは **J'a** になります（エリジョン）。

語句を入れ替えて "とことん" レッスン！

❶ 私は26歳です。

❷ 私はパスポートを持っています。

❸ 私は青色のスーツケースを持っています。

❹ 私は（地下鉄，バスの）切符を持っています。

❺ 困ったことがあります。

❻ 私はのどがかわいています。

❼ 私は熱があります。

組み立てのポイント

「私は…を持っています」 + 空腹

J'ai (ジェ) **faim.** (ファン)

おなかが空いています。

▼対話してみましょう!

A: どうしたのですか？

Qu'est-ce que vous avez?
ケス ク ヴザヴェジェ

B: 寒気がします。

J'ai des frissons.
ジュ デ フリソン

---

1. **J'ai 26 ans.**
   ジェ ヴァン スィザン
2. **J'ai mon passeport.**
   ジェ モン パス ポル
3. **J'ai une valise bleue avec une étiquette.**
   ジェ ユヌ ヴァリズ ブル アヴェキュヌ エティケット
4. **J'ai un ticket.**
   ジェ エン ティケ
5. **J'ai un problème.**
   ジェ エン プロブレム
6. **J'ai soif.**
   ジェ スワフ
7. **J'ai de la fièvre.**
   ジェ ドゥ ラ フィエヴル

21

CD 34

「～はありますか？」「～を持っていますか？」

Vous avez ~? / Avez-vous ~?

ヴザヴェ　アヴェヴ

◆ほしいものがあるかどうかを尋ねるとき

ショッピングやレストランなどで，自分のほしいものがあるかどうかを尋ねるときなどに用いるパターンです。**vous avez** のリエゾンの発音に注意。**avoir** の活用はすべて母音で始まるので，リエゾンとエリジョンに注意。リエゾン：**Vous avez**［ヴ アヴェ→ヴザヴェ］　エリジョン：**Je ai → J'ai**

語句を入れ替えて“とことん”レッスン！

❶ メニュー料理はありますか？

❷ きょうだい（兄弟姉妹）は何人いますか？

❸ 時刻表はありますか？

❹ 日本語のパンフレットはありますか？

❺ 私宛の手紙はありますか？

❻ ほかの色はありますか？

❼ あれと同じものはありますか？

組み立てのポイント

「〜はありますか？」 ＋ サンドウィッチ

↓ **Vous avez**
ヴ ザヴェ

↓ **des sandwiches?**
サンドゥウィッチ

サンドイッチはありますか？

▼ 関連表現・事項

「あなたは〜を持っていますか？」「あなたには〜がありますか？」

Avez-vous + 名詞 ?（あなたは〜を持っていますか？）

Est-ce qu'il y a ~（〜はありますか）

avez は「持つ」の意味の動詞 **avoir**（英語の have に相当する動詞）が，主語の **vous** に対して変化した形です。

---

❶ **Vous avez le menu?**
ヴザヴェ ル ムニュ

❷ **Vous avez des frères et sœurs?**
ヴザヴェ デ フレル エ スル

❸ **Vous avez des horaires de train?**
ヴザヴェ デゾレル ドゥ トゥレン

❹ **Vous avez des dépliants en japonais?**
ヴザヴェ デ デプリヤン アン ジャポネ

❺ **Vous avez une lettre pour moi?**
ヴザヴェ ユヌ レットゥル プル モワ

❻ **Vous avez d'autres couleurs?**
ヴザヴェ ドトル クルル

❼ **Vous avez le même que celui-là?**
ヴザヴェ ル メム ク スリュイ ラ

22

CD 35

「～があります」

Il y a ~.

イリヤ

◆「～があります」　と言うとき

英語の There is(are) ~ . にあたる表現パターンです。

「～」が単数でも複数でも **Il y a** は変化しません。主語の **il** には「彼」という意味はありません。

語句を入れ替えて"とことん"レッスン！

❶ 日本には４つの季節があります。

❷ 地震が多いです。

❸ 温泉が多いです。

❹ おつりが違っています。

❺ 本屋があります。

❻ 薬局があります。

❼ 大きな窓があります。

組み立てのポイント

「～があります」	+	この近くにホテル
↓		↓
Il y a イリヤ		un hôtel près d'ici. エンテル　プレ　ディスィ

この近くにホテルがあります。

▼関連表現・事項

天気や天候のときにも使えるIl y a ～.

Il y a du vent. （風があります）
イリヤ　デュ　ヴァン

Il y a des nuages. （少し曇っています）
イリヤ　デ　ニュアジュム

---

❶ **Il y a quatre saisons au Japon.**
イリヤ　キャットゥル　セゾン　オ　ジャポン

❷ **Il y a beaucoup de tremblements de terre.**
イリヤ　ボク　ドゥ　トランブルマン　ドゥ　テル

❸ **Il y a beaucoup de stations thermales.**
イリヤ　ボク　ドゥ　スタスィヨン　テルマル

❹ **Il y a une erreur dans la monnaie.**
イリヤ　ユネルル　ダン　ラ　モネ

❺ **Il y a une librairie.**
イリヤ　ユヌ　リブレリ

❻ **Il y a une pharmacie.**
イリヤ　ユヌ　ファルマスィ

❼ **Il y a une grande fenêtre.**
イリヤ　ユヌ　グランドゥ　フネトゥル

23

CD 36

「～がありません」

Il n'y a pas ～.

イルニヤパ

◆「～がない」と言うとき

否定文を作るときは **ne** と **pas** を使います。**Il n'y a pas** [イルニヤパ] は単数でも複数でも変化しません。

否定文にすると，**un**（名詞の前の）のような不定冠詞は **de** になります。

語句を入れ替えて "とことん" レッスン！

❶ お湯が出ません。

❷ この辺に銀行はありません。

❸ 日本語を話す人はいません。

❹ 切手はありません。

❺ この町の地図はありません。

❻ トイレットペーパーがありません。

❼ デパートはありません。

組み立てのポイント

「～がありません」 ＋ 近所によいレストラン

Il n'y a pas de bon restaurant dans le quartier.
イルニヤパ ドゥ ボン レストラン ダン レ カルティエ

近所によいレストランはありません。

▼関連表現・事項

Il y a un problème.（問題があります）
イルニヤ エン プロブレム

〈否定文にすると〉

Il n'y a pas de problème.（問題がありません）
イルニヤパ ドゥ プロブレム

---

❶ **Il n'y a pas d'eau chaude.**
イルニヤパ ド ショドゥ

❷ **Il n'y a pas de banque près d'ici.**
イルニヤパ ドゥ バンク プレ ディスィ

❸ **Il n'y a personne qui parle japonais.**
イルニヤパ ペルソンヌ キ パルル ジャポネ

❹ **Il n'y a pas de timbres.**
イルニヤパ デ タンブル

❺ **Il n'y a pas de plan de la ville.**
イルニヤパ ドゥ プラン ドゥ ラ ヴィル

❻ **Il n'y a pas de papier toilette.**
イルニヤパ ドゥ パピエ トワレットゥ

❼ **Il n'y a pas de grand magasin.**
イルニヤパ ドゥ グラン マガザン

24

CD 37

「私は～することができます」

Je peux ＋ 動詞の原形.

ジュ　　プ

◆「私は～できる」と可能を表すとき

Je peux~. は「私は～することができる」「私は～してもいいですよ」と言うときのパターンです。 **peux** は動詞 **pouvoir**「～することができる」（辞書の見出し形）が，主語の **je** に対して変化した形です。

相手にできることを伝えたり，説明するときによく使われます。

Je peux の後ろには「動詞の原形」が入ります。

語句を入れ替えて“とことん”レッスン！

❶ 私は写真を撮ることができます。

❷ 私が車を運転してもよいですよ。

❸ 私は英語を話すことができます。

❹ 私はゴルフもできます。

❺ 私が留守番してもいいですよ。

❻ 私はメールを送ることができます。

❼ 私が料理してもいいですよ。

組み立てのポイント

「私は～することができます」	+	あなたと踊る
⬇		⬇
Je peux ジュ プ		**danser avec toi.** ダンセ アヴェック トワ

私はあなたと踊ることができます。

▼関連表現・事項

■ pouvoir「～することができる」の活用形

je peux [ジュ プ]	**nous pouvons** [ヌ プヴォン]
tu peux [テュ プ]	**vous pouvez** [ヴ プヴェ]
il peut [イル プ]	**ils peuvent** [イル プヴ]
elle peut [エル プ]	**elles peuvent** [エル プヴ]

---

❶ **Je peux prendre des photos.**
ジュ プ プランドル デ フォト

❷ **Je peux conduire.**
ジュ プ コンデュイル

❸ **Je peux parler l'anglais.**
ジュ プ パルラ ラングレ

❹ **Je peux faire du golf.**
ジュ プ フェル デュ ゴルフ

❺ **Je peux rester à la maison.**
ジュ プ レステ ア ラ メゾン

❻ **Je peux envoyer des emails.**
ジュ プ アンヴォワイエ デ イメル

❼ **Je peux faire la cuisine.**
ジュ プ フェル ラ キュイズィヌ

25

CD 38

「～してもいいですか？」

Je peux + 動詞の原形?

ジュ　プ

◆自分の行動の許可を相手に求めるとき

Je peux ~? で「～してもいいですか」「～できますか」と自分の行動の許可を相手に求めるときの表現パターンです。

倒置疑問文にするときは，**Puis-je ~?** [ピュイ ジュ] と特殊な形をとります。Peux-je ~? とは言いません。また，このパターンで尋ねられたときの応答の表現もしっかり覚えましょう。

語句を入れ替えて“とことん”レッスン！

❶ 試着してもいいですか？

❷ 窓を閉めてもいいですか？

❸ ここで予約できますか？

❹ これを持って行ってもいいですか？

❺ あの席へ移ってもいいですか？

❻ 見せてもらえますか？

❼ あなたのお手伝いをしてもいいですか？（＝お手伝いしましょうか？）

組み立てのポイント

「～してもいいですか？」 ＋ シートを倒す

↓ ↓

Je peux **incliner mon siège?**
ジュ プ エンクリネ モン スィエジュ

シートを倒してもいいですか？

▼対話してみましょう!

A: ここに座ってもいいですか？

Puis-je m'asseoir ici?
ピュイ ジュ マ スワル イスィ

B: ええ，もちろん

Oui, bien sûr.
ウィ ビエン スュル

---

❶ **Je peux l'essayer?**
ジュ プ レセイエ

❷ **Je peux fermer la fenêtre?**
ジュ プ フェルメ ラ フネトゥル

❸ **Je peux réserver ici?**
ジュ プ レゼルヴェ イスィ

❹ **Je peux prendre ça?**
ジュ プ プランドゥル サ

❺ **Je peux changer pour cette place?**
ジュ プ シャンジェ プル セットゥ プラス

❻ **Je peux voir?**
ジュ プ ヴォワル

❼ **Je peux vous aider?**
ジュ プ ヴゼデ

26

CD 39

「私は～することができません」

Je ne peux pas ~.

ジュ　ヌ　プ　パ

◆「～できない」と否定するとき

「私は～することができます」は **Je peux~.** でした。

その否定形は **peux** 前に **ne**, 後に **pas** をおいて〈**ne peux pas** 〉の形にします。

peuxは動詞**pouvoir**「～することができる」(辞書の見出し形)が, 主語の **je** に対して変化した形ですね。

語句を入れ替えて "とことん" レッスン！

❶ 私は料理ができません。

❷ 私は今夜のパーティには行けません。

❸ 私は中に入ることができません。

❹ 私はゴルフができません。

❺ 私は旅行を続けることができません。

❻ 私は映画に行くことができません。

❼ 私はこれを持って行くことができません。

組み立てのポイント

「私は～ することができません」 ＋ シートを倒す

↓ ↓

Je ne peux pas **incliner mon siège.**

ジュ ヌ プ パ エンクリネ モン スィエジュ

シートを倒すことができません。

▼対話してみましょう!

A: 試聴してもいいですか。

Je peux l'écouter maintenant?

ジュ プ レクテ マントナン

B: はい, どうぞ。/ できません。

Bien sûr! / Non, ce n'est pas possible.

ビエン スュル ノン ス ネ パ ポスィブル

---

❶ **Je ne peux pas faire la cuisine.**

ジュ ヌ プ パ フェル ラ キュイズィヌ

❷ **Je ne peux pas venir à la soirée ce soir.**

ジュ ヌ プ パ ヴニル ア ラ ソワレ ス ソワル

❸ **Je ne peux pas entrer.**

ジュ ヌ プ パ アントレ

❹ **Je ne peux pas faire du golf.**

ジュ ヌ プ パ フェル デュ ゴルフ

❺ **Je ne peux pas continuer le voyage.**

ジュ ヌ プ パ コンティニュエ ル ヴォワィヤジュ

❻ **Je ne peux pas aller au cinéma.**

ジュ ヌ プ パ アレ オ スィネマ

❼ **Je ne peux pas emporter ça.**

ジュ ヌ プ パ アンポルテ サ

27

CD 40

「～していただけますか？」

Vous pouvez ＋ 動詞の原形?
ヴ　プヴェ

◆ていねいに頼みごと（依頼）をするとき

頼みごと（依頼）をするときの言い方が **Vous pouvez ~?** のパターンです。目的語が人称代名詞のときは，それを動詞の原形の前におきます。**pouvez** は「できる」の意味の動詞 **pouvoir**（辞書の見出し形）が，主語の **vous** に対して変化した形ですね。

倒置疑問文にするときは，**Pouvez-vous ~?**［プヴェ ヴ］という形をとります。

語句を入れ替えて "とことん" レッスン！

❶ 私の写真を撮っていただけますか？

❷ 手伝っていただけますか？

❸ 窓を閉めていただけますか？

❹ タクシーを呼んでいただけますか？

❺ そのワインを私に見せていただけますか？

❻ 薬をいただけますか？

❼ 別々に包んでいただけますか？

組み立てのポイント

「～していただけますか？」 ＋ もう一度言う

Vous pouvez **répéter?**
ヴ　プヴェ　レペテ

もう一度言っていただけますか？

▼対話してみましょう!

A: 地図をかいていただけますか？

Pouvez-vous me faire un plan?
プヴェ　ヴ　ム　フェラン　エン　プラン

B: はい，いいですよ。

Oui, bien sûr.
ウィ　ビエン　スュル

---

❶ **Vous pouvez me prendre en photo?**
ヴ　プヴェ　ム　プランドゥラン　フォト

❷ **Vous pouvez m'aider?**
ヴ　プヴェ　メデ

❸ **Vous pouvez fermer la fenêtre?**
ヴ　プヴェ　フェルメ　ラ　フネトゥル

❹ **Vous pouvez m'appeler un taxi?**
ヴ　プヴェ　マプレ　エン　タクスィ

❺ **Vous pouvez me montrer ce vin?**
ヴ　プヴェ　ム　モントゥレ　ス　ヴェン

❻ **Vous pouvez me donner un médicament?**
ヴ　プヴェ　ム　ドネ　エン　メディカマン

❼ **Vous pouvez les emballer séparément?**
ヴ　プヴェ　レザンバレ　セパレマン

28

CD 41

「～できますか？」

On peut ~?

オン　　　プ

◆2人以上のときや一般的なこととして尋ねるとき

Je peux ~? は「私は～してもいいですか？」「～できますか？」と自分の行動の許可を相手に求めるときの表現パターンでした。

on は不特定の人を指します。

よりていねいに許可を求める表現に **On pourrait ~?** があります。

語句を入れ替えて“とことん”レッスン！

❶ カードで支払えますか？

❷ 別々に支払えますか？

❸ 地下鉄の切符はどこで買えますか？

❹ トラベラーズチェックで支払えますか？

❺ プレゼント用に包んでいただけますか？

❻ フラッシュを使ってもいいですか？

❼ それを試すことができますか？

組み立てのポイント

「～できますか ？」 ＋ 自転車を借りる

On peut louer un vélo?
オン プ ルエ エン ヴェロ

自転車を借りられますか？

▼対話してみましょう!

A: ここで写真を撮ってもいいですか？

On peut prendre des photos ici?
オン プ プラドゥル デ フォト イスィ

B: はい，もちろんです。

Oui, bien sûr.
ウイ ビエン スュル

---

❶ **On peut régler par carte?**
オン プ レグレ パル カルト

❷ **On peut payer séparément?**
オン プ ペイエ セパレマン

❸ **On peut acheter des tickets de métro?**
オン プ アシュテ デ ティケ ドゥ メトロ

❹ **On peut régler par chèques de voyage?**
オン プ レグレ パル カルト ドゥ ヴワイヤジュ

❺ **On peut avoir un paquet-cadeau?**
オン プ アヴォア エン パケ カド

❻ **On peut utiliser le flash?**
オン プ ユティリゼ ル フラッシュ

❼ **On peut l’essayer?**
オン プ レセイエ

29

CD 42

「私は～するつもりです」

Je vais ～.
ジュ　ヴェ

■近い未来の予定を言うとき

「～するつもり」とか「～しようと思っている」と予定や計画の表現です。**vais** は動詞 **aller**（行く）の活用形です。

aller + 動詞の原形で「まもなく～するだろう」という未来を表します。

Demain je vais à la mer.（明日，私は海に行きます）
ドゥマン　ジュ　ヴェ　ア　ラ　メル

語句を入れ替えて"とことん"レッスン！

❶ すぐ確認します。

❷ 明日，出発するつもりです。

❸ ここで食べます。

❹ 私は映画に行くつもりです。

❺ 私は明朝，散歩をするつもりです。

❻ 私は（私の）予約を変更します。

❼ サッカーの試合を見に行くつもりです。

組み立てのポイント

「私は～するつもりです」 + それにします

↓ Je vais
ジュ ヴェ

↓ prendre ça.
プランドゥル サ

私はそれにします。

▼ 対話してみましょう!

A: 頼んだものがまだこないのですが。

Je ne suis pas encore servi[e].
ジュ ヌ スュイ パ アンコール セルヴィ

B: すぐ確認いたします。

Je vais vérifier ça tout de suite.
ジュ ヴェ ヴェリフィエ サ トゥ ドゥ スュイットゥ

---

❶ **Je vais vérifier ça tout de suite.**
ジュ ヴェ ヴェリフィエ サ トゥ ドゥ スュイットゥ

❷ **Je vais partir demain.**
ジュ ヴェ パルティル ドゥメン

❸ **Je vais manger ici.**
ジュ ヴェ マンジェ イスィ

❹ **Je vais aller au cinéma.**
ジュ ヴェ アレ オ スィネマ

❺ **Je vais faire une promenade demain matin.**
ジュ ヴェ フェリュヌ プロムナド ドゥメン マテン

❻ **Je vais changer ma réservation.**
ジュ ヴェ シャンジェ マ レゼルヴァスィヨン

❼ **Je vais aller voir un match de football.**
ジュ ヴェ ザレ ヴォワル エン マッチ ドゥ フトゥボル

30

CD 43

「～が必要です」

Il faut ~.

イル フォ

◆ 必要な物事を伝えるとき

"Il" は形式的な主語。意味上の主語が話者の間でわかりあっているに使うパターンです。**Il faut** ＋ 物「～が必要だ」/ **Il faut** ＋ 動詞の原形「～することが必要だ」の意味になります。

疑問文では次のような形になります。

Combien de temps faut-il attendre?
（どのくらい待たなければなりませんか？）

語句を入れ替えて "とことん" レッスン！

❶ そろそろ帰らないと。

❷ 乗り換えなくては。

❸ イタリアに行かなくては。

❹ 味つけをしなければ。

❺ 薄めなければ。

❻ いちごを買わなければ。

❼ 薬局に行かなくては。

組み立てのポイント

「～が必要です」	+	予定を立てる
Il faut (イル フォ)		**préparer un projet.** (プレパレ エン プロジェ)

予定を立てる必要があります。

▼関連表現・事項

「時間が…かかります」という意味でも, **Il faut** が使えます。

Il faut environ une demi-heure.
イル フォ アンヴィロン ユヌ ドゥミ ウル
（およそ30分かかります）

❶ **Il faut que je m'en aille.**
イル フォ ク ジュ マン ナイユ

❷ **Il faut changer de train.**
イル フォ シャンジェ ドゥ トゥレン

❸ **Il faut aller en Italie.**
イル フォ アレ アンニタリ

❹ **Il faut l'assaisonner.**
イル フォ ラセゾネ

❺ **Il faut l'allonger [le diluer].**
イル フォ ラロンジェ ル ディリュエ

❻ **Il faut acheter des fraises.**
イル フォ アシュテ デ フレセ

❼ **Il faut aller à la pharmacie.**
イル フォ アレ ア ラ ファルマスィ

31

CD 44

「私は～しなければならない」

Je dois ~.
ジュ　ドゥワ

◆ 義務を言うとき

「～しなければならない」と義務を言うときのパターンです。
dois は **devoir** [ドゥヴォワール]（～しなければならない）の活用形。
～には動詞の原形をが入ります。
英語の have to , must に相当します。

語句を入れ替えて "とことん" レッスン！

❶ 手数料を支払わなければならない。

❷ チェックアウトしなければならない。

❸ 席を予約しなければならない。

❹ カードに記入しなければならない。

❺ 私は出発しなければならない。

❻ ハムを買わなくては。

❼ これを返さなくては。

組み立てのポイント

「私は～しなければならない」 ＋ 私のおばに電話する

↓ ↓

Je dois **téléphoner à ma tante**

ジュ ドゥワ テレフォネ ア マ タントゥ

私はおばに電話しなくては。

▼関連表現・事項

「しなければならないですか～？」

Dois-je ~?

Dois-je prendre [un] rendez-vous?

（予約を入れないといけませんか？）

---

❶ **Je dois payer une commission.**

ジュ ドゥワ ペイエ ユヌ コミスィオン

❷ **Je dois quitter la chambre.**

ジュ ドゥワ キテ ラ シャンブル

❸ **Je dois réserver des places.**

ジュ ドゥワ レゼルヴェ ダ プラス

❹ **Je dois remplir une fiche.**

ジュ ドゥワ ランプリル ユヌ フィッシュ

❺ **Je dois partir.**

ジュ ドゥワ パルティル

❻ **Je dois acheter du jambon.**

ジュ ドゥワ アシュテ ドゥ ジャンボン

❼ **Je dois le [la] rapporter [rendre].**

ジュ ドゥワ ル ラ ラポルテ ランドル

32

CD 45

「〜を探しています」

Je cherche ~.

ジュ　シェルシュ

◆「探している」と伝えるとき

「アクセサリーを探しています」というように，具体的な人・物・場所などを「〜を探しています」と伝えるときのパターンです。

◇ **Je cherche** の後ろには「探しているもの」を入れます。

語句を入れ替えて"とことん"レッスン！

❶ アクセサリーを探しています。

❷ 静かな部屋を探しています。

❸ 友だちを探しています。

❹ この町の地図を探しています。

❺ 銀行を探しています。

❻ トイレを探しています。

❼ 公衆電話を探しています。

組み立てのポイント

「～を探しているのですが」 ＋ セーター

Je cherche **un pull-over.**
ジュ　シェルシュ　エン　ピュロヴェル

セーターを探しています。

▼対話してみましょう!

A: 何を探しているのですか？

Que cherchez-vous?
ケ　シェルシェ　ヴ

B: 私はジャケットを探しています。

Je cherche une veste.
ジュ　シェルシュ　ユヌ　ヴェストゥ

---

❶ **Je cherche des accessoires.**
ジュ　シェルシュ　デザクセソワル

❷ **Je cherche une chambre calme.**
ジュ　シェルシュ　ユヌ　シャンブル　カルム

❸ **Je cherche un ami**
ジュ　シェルシュ　エンナミ

❹ **Je cherche un plan de la ville.**
ジュ　シェルシュ　エン　プラン　ドゥ　ラ　ヴィル

❺ **Je cherche la banque.**
ジュ　シェルシュ　ラ　バンク

❻ **Je cherche les toilettes.**
ジュ　シェルシュ　レ　トワレットゥ

❼ **Je cherche une cabine téléphonique.**
ジュ　シェルシュ　ユヌ　カビン　テレフォニック

33

CD 46

「〜した」「〜してしまった」（1）

J'ai + 過去分詞.

ジェ

◆過去の出来事や経験したことを表すとき

「私は東京で予約しました」というように，現在までにしてしまったこと，過去の出来事を表すとき，この過去時制（複合過去形）を使います。

複合過去形は英語の過去形と現在完了形の２つの働きをかねています。助動詞は **avoir** と **être** の２つです。どちらを使うかは動詞によって決まっています。ここでは，**avoir** を使う動詞の例文を取り上げます。

語句を入れ替えて“とことん”レッスン！

❶ 私は昼食をとりました。

❷ 私は東京で予約しました。

❸ エッフェル塔に行きました。

❹ タクシーにバッグを置き忘れました。

❺ 私はルーブル美術館を見学しました。

❻ 私は靴を買いました。

❼ 私はツインルームを予約してあります。

組み立てのポイント

「～した」	+	パスポートをなくす
↓		↓
J'ai ジェ		**perdu mon passeport.** ペルデュ モン パスポル

パスポートをなくしました。

▼対話してみましょう!

A: 夜は何をしたのですか？

Qu'est-ce que vous avez fait le soir?
ケ ス ク ヴザヴェ フェ ル ソワル

B: 私は友人とレストランに行きました。

J'ai dîné dans un restaurant.
ジェ ディネ ダンザン レストラン

---

1. **J'ai pris mon déjeuner.**
ジェ プリ モン デジュネ

2. **J'ai fait ma réservation à Tokyo.**
ジェ フェ マ レゼルヴァスィヨン ア トキオ

3. **J'ai visité la tour Eiffel.**
ジェ ヴィズィテ ラ トゥル エッフェル

4. **J'ai oublié mon sac dans un taxi.**
ジェ ウブリエ モン サック ダンゼン タクスィ

5. **J'ai visité le musée du Louvre.**
ジェ ヴィズィテ ル ミュゼ デュ ルヴル

6. **J'ai acheté des chaussures.**
ジェ アシュテ デ ショスュル

7. **J'ai réservé une chambre à deux lits.**
ジェ レゼルヴェ ユヌ シャンブル ア ドゥ リ

34

CD 47

「〜した」「〜してしまった」(2)

Je suis + 過去分詞.

ジュ　スュイ

◆過去の出来事や経験したことを表すとき

現在までにしてしまったこと，過去の出来事を表すとき，この過去時制（複合過去形）を使います。

助動詞は **avoir** と **être** の２つです。

どちらを使うかは動詞によって決まっています。ここでは，**être** を使う動詞の例文を取り上げます。

語句を入れ替えて "とことん" レッスン！

❶ 私は７時に外出しました。

❷ 私は大阪へ出発しました。

❸ 私はニースに行きました。

❹ 私は頂上に着きました。

❺ 私はここで降りました。

❻ 私は10時に帰宅しました。

❼ 私は法学部を卒業しました。

組み立てのポイント

「～した」	+	そこに2時間いた
↓		↓
Je suis ジュ　スュイ		resté[e] 2 heures. レステ　ドゥ　クル

そこに2時間いました。

▼関連表現・事項

助動詞êtreが用いられる動詞例

aller（行く）	**venir**（来る）	**arriver**（到着する）
partir（出発する）	**sortir**（出る）	**monter**（のぼる）
entrer（入る）	**rester**（とどまる）	**descendre**（降りる）

---

❶ **Je suis sorti[e] à sept heures.**
ジュ　スュイ　ソルティ　ア　セットゥル

❷ **Je suis parti[e] pour Osaka.**
ジュ　スュイ　パルティル　プル　オザカ

❸ **Je suis allé[e] à Nice.**
ジュ　スュイ　アレ　ア　ニス

❹ **Je suis arrivé[e] au sommet.**
ジュ　スュイ　アリヴェ　オ　ソメ

❺ **Je suis descendu[e] ici.**
ジュ　スュイ　デサンデュ　イスイ

❻ **Je suis rentré[e] à 10 heures.**
ジュ　スュイ　ラントレ　ア　ディス　ズル

❼ **Je suis licencié[e] en Droit.**
ジュ　スュイ　リサンシエ　アン　ドゥロワ

35

CD 48

「～しましたか？」「～したことがありますか？」

Vous êtes [Vous avez] ~?

ヴゼットゥ　　　　ヴザヴェ

◆過去の出来事や経験したことを聞くとき

現在までにしてしまったこと，過去の出来事を表すとき，この過去時制（複合過去形）を使います。

「～したことがあります」**Je suis déjà ~. / J'ai déjà ~.**

「～しませんでした」**n'ai pas / ne suis pas**（助動詞を **ne ~ pas** ではさみます）

語句を入れ替えて“とことん”レッスン！

❶ 終わりましたか？

❷ お決まりになりましたか？

❸ ディズニーランドに行ったことがありますか？

❹ あなたはワインを飲みましたか？

❺ 外国に行ったことはありますか？

❻ ニースに行ったことがありますか？

❼『星の王子様』を読んだことがありますか？

組み立てのポイント

「～したことがあります」 ＋ スイスへ行った

Vous êtes déjà allé[e] en Suisse?
ヴゼットゥ デジャ アレ アン スュイス

スイスへ行ったことがあります。

▼対話してみましょう!

（組み立てのポイントに答える例）

はい, 一度。
Oui, une fois.
ウィ ユヌ フォワ

ありません。
Jamais.
シャメ

はい, 1年前に。
Oui, il y a un an.
ウィ イ リ ヤ エンナン

❶ **Vous avez terminé?**
ヴザヴェ テルミネ

❷ **Vous avez choisi?**
ヴザヴェ ショワズィ

❸ **Vous êtes déjà allé[e] à Disneyland?**
ヴゼットゥ デジャ アレ ア ディズネランドゥ

❹ **Vous avez pris du vin?**
ヴザヴェ プリ デュ ヴェン

❺ **Vous êtes déjà allé[e] à l'étranger?**
ヴゼット デジャ アレ ア レトランジェ

❻ **Vous êtes déjà allé[e] à Nice?**
ヴゼットゥ デジャ アレ ア ニス

❼ **Vous avez lu "Le Petit Prince"?**
ヴザヴェ リュ ル プティ プレンス

36

CD 49

「〜しましょうか？」

On + 現在形の動詞 〜?

オン

◆「みんなで〜しましょう」と誘ったり提案するとき

「みんなで〜しましょう」と相手を誘ったり提案するときのパターンです。**on** は「私たち」（代名詞・主語）という意味です。**nous** より **on** の方が会話では使われます。

on の後ろには「現在形の動詞」を入れます。

語句を入れ替えて "とことん" レッスン！

❶ ちょっと休みましょうか？

❷ 電話しましょうか？

❸ 踊りましょうか？

❹ どこで会いましょうか？

❺ 何か飲みましょうか？

❻ ショッピングに行きましょうか？

❼ タクシーを拾いましょうか？

組み立てのポイント

「〜しましょうか？」	+	食事に行く
↓		↓
On (オン)		**va manger?** (ヴァ マンジェ)

食事に行きましょうか？

▼対話してみましょう!

A: 5時に会いましょうか？

On se voit à 5 heures?
オン セ ヴォワ ア サン クル

B: わかりました。

D'accord.
ダコル

---

❶ **On se repose un peu?**
オン ス ルポゼン プ

❷ **On s'appelle?**
オン サペル

❸ **On danse?**
オン ダンス

❹ **On se retrouve où?**
オン ス ルトゥルヴ ウ

❺ **On prend un verre?**
オン プラン エン ヴェル

❻ **On va faire les magasins?**
オン ヴァ フェル レ マガゼン

❼ **On prend un taxi?**
オン プランドル エン タクスィ

37

CD 50

「何を～？」

Que ~?

ク

◆具体的にたずねるとき

que は物について問うとき「何を」の意味で，**que** は常に男性単数扱いです。

「何を～？」は **que ? / qu'est-ce que ~?**

「何が～？」は **qu'est-ce qui ~?**

語句を入れ替えて “とことん” レッスン！

❶ 何を探しているのですか？

❷ 何が鳴っているのですか？

❸ これは何ですか？

❹ きのうは何をしましたか？

❺ 何を探しているのですか？

❻ どうしたのですか？

❼ 何を見に行くのですか？

組み立てのポイント

「何を～？」 ＋ 明日はする予定

Qu'est-ce que **vous faites demain?**
ケ　ス　ク　　ヴ　フェ　ドゥメン

明日は何をする予定ですか？

▼対話してみましょう!

A: おすすめの料理は何ですか？

Qu'est-ce que vous me recommandez?
ケ　ス　ク　ヴ　ム　ルコマンデ

B: ブイヤベースがおすすめです。

Je vous recommande [de] la bouillabaisse.
ジュ　ヴ　ルコマンドゥ　ドゥ　ラ　ブイヤベス

---

❶ **Que cherchez-vous?**
ケ　シェルシェ　ヴ

❷ **Qu'est-ce qui sonne?**
ケ　ス　キ　ソヌ

❸ **Qu'est-ce que c'est?**
ケ　ス　ク　セ

❹ **Qu'avez-vous fait hier?**
カヴェ　ヴ　フェ　イエル

❺ **Qu'est-ce que vous cherchez?**
ケ　ス　ク　ヴ　シェルシェ

❻ **Qu'est-ce que vous avez?**
ケ　ス　ク　ヴザヴェ

❼ **Qu'est-ce qu'on va voir?**
ケ　ス　コン　ヴァ　ヴォワール

38

CD 51

「だれが（を）～」

Qui ~?
キ

◆具体的にたずねるとき

qui は人について問うとき「だれが」「だれを」の意味で用います。**qui** は常に男性単数扱いです。

◇「だれが～？」は **qui ~? / qui est-ce qui ~?**
◇「だれを～？」は **qui ~? / qui est-ce que ~?**

語句を入れ替えて"とことん"レッスン！

❶ だれが歌っているのですか？

❷ だれを探しているのですか？

❸ だれを待っているのですか？

❹ こちらはどなたですか？

❺ あの男の子はだれですか？

❻ だれが来たのですか？

❼ だれに電話したのですか？

組み立てのポイント

「だれが～」	+	やったのですか
↓		↓
Qui キ		**a fait ça?** アフェサ

だれがやったのですか？

▼対話してみましょう!

A: あなたはどなたですか？

Qui êtes-vous?
キ　エットゥ　ヴ

B: ぼくは新入生です。

Je suis un de vos nouveaux élèves.
ジュ　スュイ　エン　ドゥ　ヴォ　ヌボ　エレヴ

---

❶ **Qui chante?**
キ　シャントゥ

❷ **Qui cherchez-vous?**
キ　シェルシェ　ヴ

❸ **Qui attendez-vous?**
キ　アタンデ　ヴ

❹ **Qui est-ce?**
キ　エ　ス

❺ **Qui est ce garçon?**
キ　エ　ス　ギャルソン

❻ **Qui est venu?**
キ　エ　ヴニュ

❼ **À qui as-tu téléphoné?**
ア　キ　ア　テュ　テレフォネ

39

CD 52

「～おめでとう」「よい～」

Bonne ~. / Bon ~.

ボンヌ　　　　ボン

◆ お祝いや励ましを言うとき

Bonne ~. / Bon ~. は，具体的に祝福の気持ちを表すときに使うパターンです。

名詞の前に形容詞の**Bon**を付ければ，お祝いの言葉や励ましのことばを伝えることができます。

Bonne ~. / Bon ~.の後ろには「おめでたいこと」を入れます。

語句を入れ替えて "とことん" レッスン！

1. お誕生日おめでとう！
2. 明けましておめでとう！（新年おめでとう）
3. 新年おめでとう！（よい年に，幸せな年）
4. 幸運を！（がんばって）
5. 楽しいパーティを！
6. （道中ご無事で）お気をつけていってらっしゃい。
7. （このままうまく続きますように）がんばってください。

組み立てのポイント

「よい～」	+	一日
⬇		⬇
Bonne ボンヌ		**journée.** ジュルネ

よい一日を！

▼関連表現・事項

◇おめでとう!

Mes félicitations!
メ　フェリスィタスィオン

◇乾杯！

À votre santé!
ア　ヴォトゥル　サンテ

---

❶ **Bon anniversaire!**
ボナニヴェルセル

❷ **Bonne année!**
ボナネ

❸ **Bonne et heureuse année!**
ボネ　ウルズ　アネ

❹ **Bonne chance!**
ボンヌ　シャンス

❺ **Bonne fête!**
ボンヌ　フェットゥ

❻ **Bonne route.**
ボンヌ　ルトゥ

❼ **Bonne continuation.**
ボンヌ　コンテニュアスョン

40

CD 53

「いつ～？」「いつ～しますか？」

Quand ~?

カン

◆具体的にたずねるとき

quand は「いつ？」の意味で使われる疑問副詞です。

疑問副詞のあとは，主語と動詞を倒置する形と，**est-ce que** をつけて倒置をしなくてもよい形が可能です。

「いつ出発するのですか」**Quand partez-vous?** という疑問文を会話では **Vous partez quand?** と言うこともできます。

語句を入れ替えて“とことん”レッスン！

❶ 彼はいつ来るのですか？

❷ いつから彼女はここに住んでいるのですか？

❸ いつまでここにいらっしゃるのですか？

❹ いつですか，君の誕生日は？

❺ いつですか，次のショーは？

❻ 次はいつ会えますか？

❼ このコンサートはいつ終わりますか？

組み立てのポイント

「いつ～？」	+	出発する
Quand カン		partez-vous? パルテ　ヴ

いつ出発しますか？

▼ 対話してみましょう!

A: 今日は何日ですか？

Nous sommes le combien?
ヌ　ソム　ル　コンビヤン

B: 9 月 28 日です。

C'est le vingt septembre.
セ　ル　ヴェン　セプタンブル

---

❶ **Quand est-ce qu'il viendra?**
カンテ　ス　キル　ヴィヤンドゥラ

❷ **Depuis quand habite-t-elle ici?**
ドゥピュイ　カン　アビットゥテル　イスィ

❸ **Jusqu'à quand restez-vous?**
ジェスク　カン　レステ　ヴ

❹ **C'est quand, ton anniversaire?**
セ　カン　トンナニヴェルセル

❺ **C'est quand, le prochain spectacle?**
セ　カン　ル　プロシェン　スペクタクル

❻ **Quand est-ce qu'on peut se revoir?**
カン　テ　ス　コン　プ　ス　ルヴワル

❼ **Quand termine ce concert?**
カン　テルミヌ　ス　コンセル

41

CD 54

「どれだけの ～？」

Combien de ~?

コンビアン　ドゥ

◆「どれだけの ～？」と人数や距離を聞くとき

「何日」「何メートル」というように，**combien de ~?** は「どれだけの ～？」と聞くときのパターンです。

combien? は「いくら？」「どのくらい？」という意味。

～に「人」が入ると，**Combien de personnes**「何人」となります。

語句を入れ替えて“とことん”レッスン！

❶ 何日滞在の予定ですか？

❷ 何名様ですか？

❸ ホールには何人いますか？

❹ 何グラムくらいですか？

❺ 何メートルくらいですか？

❻ 何か月くらいですか？

❼ 週に何回くらいですか？

組み立てのポイント

「どれだけの～？」	+	時間がかかりますか
Combien コンビヤン		**de temps faut-il?** ドゥ　タン　フォティル

どのくらい時間がかかりますか？

▼対話してみましょう!

A: どのくらい待ちますか？

Combien de temps faut-il attendre?
コンビヤン　ドゥ　タン　フォティル　アンタドゥル

B: 15分ほどです。

Environ quinze minutes.
アンヴィロン　カンズ　ミニュット

---

❶ **Combien de temps allez-vous rester?**
コンビヤン　ドゥ　タン　アレヴ　レステ

❷ **Combien de personnes?**
コンビヤン　ドゥ　ペルソンヌ

❸ **Combien de personnes y a-t-il dans le hall?**
コンビヤン　ドゥ　ペルソンヌ　イ　ヤ　ティル　ダン　ル　オル

❹ **Combien de grammes?**
コンビヤン　ドゥ　グラム

❺ **Combien de mètres?**
コンビヤン　ドゥ　メットル

❻ **Combien de mois?**
コンビヤン　ドゥ　モワ

❼ **Combien de fois par semaine?**
コンビヤン　ドゥ　フォワ　パァ　スメル

42

CD 55

「いくら？」

Combien ~?

コンビヤン

◆「いくら？」と金額を聞くとき

「いちばん安い席はいくらですか？」というように，金額を聞くときにも，**combien?** を使ってたずねることができます。

combien?「いくら？ / どのくらい？」
combien de~?「どれだけの～？」

語句を入れ替えて“とことん”レッスン！

❶ おいくらですか？

❷ 全部でいくらですか？

❸ いくらになりますか？

❹ リヨンまでいくらですか？

❺ 財布の中にはいくら入っていましたか？

❻ 回数券はいくらですか？

❼ いちばん安い席はいくらですか？

組み立てのポイント

「いくら？」 ＋ 送料

Combien coûte l'envoi?
コンビヤン クトゥ ランヴォワ

送料はいくらですか？

▼対話してみましょう!

A: 入場料はいくらですか？

Combien coûte l'entrée?
コンビヤン クトゥ ラントゥレ

B: 1人5ユーロです。

Cinq euros par personne.
サンクロ パル ペルソンヌ

---

❶ **C'est combien?**
セ コンビヤン

❷ **Ça fait combien en tout?**
サ フェ コンビヤン アン トゥ

❸ **Ça fait combien?**
サ フェ コンビヤン

❹ **Combien est-ce que ça coûte pour aller à Lyon?**
コンビヤン エ ス ク サ クトゥ プラレ ア リヨン

❺ **Combien d'argent aviez-vous dans votre portefeuille?**
コンビヤン ダルジャン アヴィエ ヴ ダン ヴォトゥル ポルトゥフイユ

❻ **Combien coûte le carnet de tickets?**
コンビヤン クトゥ ル カルネ ドゥ ティケ

❼ **Combien coûte la place la moins chère?**
コンビヤン クトゥ ラ プラス ラ モエン シェル

43

CD 56

「どこ（に）～？」「どこ（へ）～？」

Où ~?

ウ

◆具体的に場所をたずねるとき

où は「どこで？」の意味で使われる疑問副詞です。

「～はどこにありますか」**Où**「どこ（に , へ）**Où est**（主語が単数の場合）単数 **Où sont** 複数（主語が複数の場合）

Où ealler [allez, va]?

（～はどこへ行きますか？）

語句を入れ替えて "とことん" レッスン！

❶ トイレはどこですか？

❷ 手荷物カウンターはどこですか？

❸ 私の席はどこですか？

❹ ATM（現金支払機）はどこにありますか？

❺ 公衆電話はどこにありますか？

❻ モナリザの絵はどこですか？

❼ 日本航空のカウンターはどこですか？

組み立てのポイント

「どこ～？」	+	出口
Où est		**la sortie?**
ウゥ　エ		ラ　ソルティ

出口はどこですか？

▼対話してみましょう!

A: どこに行くのですか？

Où allez-vous?
ウ　アレ　ヴ

B: カンヌに行きます。

Je vais à Cannes.
ジュ　ヴェ　ア　カンヌ

---

❶ **Où sont les toilettes?**
ウ　ソン　レ　トワレットゥ

❷ **Où est la livraison des bagages?**
ウ　エ　ラ　リヴレゾン　デ　バガジュ

❸ **Où est ma place?**
ウ　エ　マ　プラス

❹ **Où est le distributeur de billets?**
ウ　エ　ル　ディストゥリビュタル　ドゥ　ビエ

❺ **Où y a-t-il une cabine téléphonique?**
ウ　イヤティル　ユヌ　キャビヌ　テレフォニック

❻ **Où est le tableau de La Joconde?**
ウ　エ　ル　タブロ　ドゥ　ラ　ジョコンドゥ

❼ **Où est le comptoir de la JAL?**
ウ　エ　ル　コントワル　ドゥ　ラ　ジャル

44

CD 57

「どのように～？」「どのようにして～？」

Comment ~?

コマン

◆ やり方がわからないとき

方法や手段をたずねるときに用います。「どのように～しますか」という意味です。**comment** は英語の how に相当します。疑問副詞のあとは，主語と動詞を倒置する形と，**est-ce que** をつけて倒置をしなくてもよい形が可能です。

comment 主語 + 動詞 **~? / comment est-ce que** 主語 + 動詞 **~?**

語句を入れ替えて “とことん” レッスン！

❶ ステーキの焼き加減はどのようにしますか？

❷ バスチーユ広場へはどう行けばいいのですか？

❸ この通りは何と言いますか？

❹ この映画をどう思いますか？

❺ 旅行はどうでしたか？

❻ どうつづるのですか？

❼ どう発音するのですか？

組み立てのポイント

「どのように～？」	+	書くのですか？
⬇		⬇
Comment (コマン)		**ça s'écrit?** (サ セクリ)

どのように書くのですか？

▼ 対話してみましょう!

A: お名前は何ですか？

Comment vous appelez-vous?
コマン ヴザプレ ヴ

B: 私の名前はマキです。

Je m'appelle Maki.
ジュ マペル マキ

---

❶ **Comment voulez-vous votre steak?**
コマン ヴレ ヴ ヴォトゥル ステック

❷ **Comment peut-on aller à la place de la Bastille?**
コマン プトン アレ ア ラ プラス ドゥ ラ バスティユ

❸ **Comment s'appelle cette rue?**
コマン サペル セットゥ リュ

❹ **Comment trouvez-vous ce film?**
コマン トゥルヴェ ヴ ス フィルム

❺ **Comment s'est passé votre voyage?**
コマン セ パセ ヴォトゥル ヴワイヤジュ

❻ **Comment ça s'écrit?**
コマン サ セクリ

❼ **Comment ça se prononce?**
コマン サ ス プロノンス

45

CD 58

「どの～？」

Quel [Quelle] ~?

ケル

◆「どちら」「どれ」と選んでもらうとき

「どちら」とか「どれ」と，２つ以上あるものの中から選ぶ場合に使う表現です。２つからなら「どちら」，３つ以上の中からなら「どれ」という意味になります。**quel**「だれ，なに，いつ，どこで，どのくらい」などの意味になります。「何時に～しますか」とたずねるときは **À quelle heure** + 動 + 主 **?** になります。

語句を入れ替えて“とことん”レッスン！

❶ シャンゼリゼ通り行きはどのバスですか？

❷ 旅行の目的は？

❸ どんな本が好きですか？

❹ どの列車ですか？

❺ 本日の日替わり料理は何ですか？

❻ どのレストランがおすすめですか？

❼ 何かスポーツはされますか？

組み立てのポイント

「どの〜？」 ＋ ワインがおすすめですか？

Quel vin vous nous conseillez?
ケル ヴェン ヴ ヌコンセィエ

どのワインがおすすめですか？

▼対話してみましょう!

A: おいくつですか？
Quel âge avez-vous?
ケラジュ アヴェ ヴ

B: 私は27歳です。
J'ai 27 ans.
ジェ ヴァン セッタン

---

❶ **Quel est le bus pour les Champs-Elysées?**
ケレ ル ビュス プル レ シャンゼリゼ

❷ **Quel est le but de votre voyage?**
ケレ ル ビュ ドゥ ヴォトゥル ヴォワィヤジュ

❸ **Quel genre de livres tu aimes [vous aimez]?**
ケル ジャンル ドゥ リヴル テュ エム ヴゼメ

❹ **Quel train?**
ケル トゥエン

❺ **Quel est le plat du jour?**
ケレ ル プラ デュ ジュル

❻ **Quel restaurant nous recommandez-vous?**
ケル レストラン ヌ ルコマンデ ヴ

❼ **Quel sport pratiquez-vous?**
ケル スポル プラティケ ヴ

46

CD 59

「なぜ〜ですか？」

Pourquoi est-ce que ~?

プルクワ　エ　ス　ク

◆ 理由をたずねるとき

「どうして〜ですか？」とその理由を聞くときに使うパターンです。

◇ ~ の後ろは「疑問の語順」にします。

Pourquoi ＋ 主語 ＋ 動詞

Pourquoi est-ce que ＋ 主語 ＋ 動詞

この場合，**parce que ~**（なぜなら〜）のように応答します。

語句を入れ替えて "とことん" レッスン！

❶ なぜ彼女は来ないのですか？

❷ なぜまちがっているのですか？

❸ なぜ彼はあんなに急いでいるのですか？

❹ なぜこんなに（値段が）高いのですか？

❺ なぜあなたは遅れたのですか？

❻ なぜあなたは怒っているのですか？

❼ なぜ笑っているのですか？

組み立てのポイント

「なぜ～ですか？」 + 彼女は来ない

Pourquoi est-ce qu'elle ne vient pas?
プルクワ エ ス ケル ヌ ヴィヤン パ

なぜ彼女は来ないのですか？

▼ 対話してみましょう!

理由を言うときは **parce que**（なぜならば）を使います。

（組み立てのポイントに答える場合）

Parce qu'elle est malade.
パス ケル エ マラッド

（なぜなら彼女は病気だからです）

❶ **Pourquoi est-ce qu'elle ne vient pas?**
プルクワ エ ス ケル ヌ ヴィヤン パ

❷ **Pourquoi est-ce que c'est une faute?**
プルクワ エ ス ク セ ユヌ フォト

❸ **Pourquoi est-il si pressé?**
プルクワ エティル スィ プレセ

❹ **Pourquoi est-ce que c'est si cher?**
プルクワ エ ス ク セ スィ シェル

❺ **Pourquoi est-ce que vous êtes en retard?**
プルクワ エ ス ク ヴ ゼット アン ルタル

❻ **Pourquoi est-ce que vous êtes en colère?**
プルクワ エ ス ク ヴ ゼット アン コレル

❼ **Pourquoi est-ce que vous riez?**
プルクワ エ ス ク ヴ リエ

47

CD 60

「なんて～なのでしょう！」

Que ~! / comme ~!

ク　　　コム

◆ 感動や感嘆の気持ちをそのまま言うとき

「なんて美しい庭でしょう！」というように，感心したり，感動したときの感情を表すパターンです。２つの形式があります。感嘆文を作るのには“主語＋動詞＋補語”の前に **Que, comme** をつけるか，**Quel [Quelle]** ＋ 形容詞 ＋ 名詞のいずれかをつけます。

語句を入れ替えて“とことん”レッスン！

❶ なんという幸せなのでしょう！

❷ なんて暑いんでしょう！

❸ なんて美しい庭でしょう！

❹ なんて広いんでしょう！

❺ なんてよい天気でしょう！

❻ あなたはなんて親切なのでしょう！

❼ なんというチャンスなんでしょう！

組み立てのポイント

「なんて〜なのでしょう！」 ＋ 雪

↓ **Quelle** (ケル)　↓ **neige!** (ネジュ)

なんてひどい雪なのでしょう！

▼関連表現・事項

◆ 疑問形容詞＋名詞！ → **Quelle pluie!**
ケル　プル
（なんてひどい雨なのでしょう！）

疑問形容詞：**Quel**（男性名詞）　**Quelle**（女性名詞）
Quels（男，複数）　**Quelles**（女，複数）

---

❶ **Quel bonheur!**
ケル　ボヌル

❷ **Comme il fait chaud!**
コムミル　フェ　ショ

❸ **Quel beau jardin!**
ケル　ボ　ジャルデン

❹ **Comme c'est grand!**
コム　セ　グラン

❺ **Qu'il fait beau!**
キル　フェ　ボ

❻ **Comme vous êtes gentil!**
コム　ヴゼット　ジャンティ

❼ **Quelle chance [opportunité]!**
ケル　シャンス　オポチュニテ

48

CD 61

「～な天気です」

Il fait ~.

イル　フェ

◆ 天候や寒暖を表すとき

天候や寒暖を表すには **Il fait** のパターンを使います。
fait は **faire** の活用形です。
Il は彼という意味ではありません。非人称の **il** です。

語句を入れ替えて "とことん" レッスン！

❶ 晴れています。／いい天気です。

❷ ちょっと曇っています。

❸ 風が強いです。

❹ 涼しいです。

❺ 天気が悪いです。

❻ 暖かい天気です。

❼ とても寒い天気です。

組み立てのポイント

「～な天気です」 ＋ 湿気がある

Il fait (イル フェ) **humide** (ユミッド)

じめじめしています(湿気があります)。

▼ 対話してみましょう!

A: 今日はどんな天気ですか？

Quel temps fait-il aujourd'hui?
ケル タン フェティル オジュウルデュイ

B: いい天気ですよ。

Il fait beau.
イル フェ ボ

---

❶ **Il fait beau.**
イル フェ ボ

❷ **Il fait un peu nuageux.**
イル フェ エン プ ニュアジュ

❸ **Il fait du vent.** (**Il y a du vent** とも言う)
イル フェ デュ ヴァン

❹ **Il fait frais.**
イル フェ フレ

❺ **Il fait mauvais.**
イル フェ モヴェ

❻ **Il fait doux.**
イル フェ ドゥ

❼ **Il fait très froid.**
イル フェ トゥレ フロア

49

CD 62

「私は～（すること）が好きです」

J'aime ~.

ジェム

◆ 自分の好きなことや物を言うとき

J'aime のあとに名詞あるいは動詞の原形を使った語句を入れます。

フランス語では自分の好き嫌いを言うときには定冠詞を使います。

数えられる名詞は複数にします。**aime** は **aimer**（愛する，好む）の活用形。

「私は～を愛している」も **J'aime ~.** と同じパターンを用います。

語句を入れ替えて "とことん" レッスン！

❶ 私はあの女優が好きです。

❷ 私は写真を撮るのが好きです。

❸ 私はスポーツをするのが好きです。

❹ 私はパスタが好きです。

❺ 私は果物が好きです。

❻ 私はフランス料理が好きです。

❼ 私はテニスが好きです。

組み立てのポイント

「私は ~ が好きです」 + 青色のネクタイ

J'aime les cravates bleues.
ジェム　レ　クラヴァット　ブル

私は青色のネクタイが好きです。

▼ 対話してみましょう!

A: 何かスポーツはされますか？

Quel sport aimez-vous [pratiquez-vous]?
ケル　スポル　エメ　ヴ　プラティケ　ヴ

B: 私はスキーをするのが好きです。

J'aime le ski.
ジェム　レ　スキ

❶ **J'aime cette actrice.**
ジェム　セッタクトゥリス

❷ **J'aime faire de la photo.**
ジェム　フェル　ドゥ　ラ　フォト

❸ **J'aime le sport.**
ジェム　レ　スポル

❹ **J'aime les pâtes.**
ジェム　レ　パット

❺ **J'aime les fruits.**
ジェム　レ　フルイ

❻ **J'aime la cuisine française.**
ジェム　ラ　キュイズィヌ　フランセズ

❼ **J'aime bien jouer au tennis.**
ジェム　ビエン　ジュエ　オ　テニス

50

CD 63

「あなたは～（するの）が好きですか？」

Vous aimez ~?

ヴゼメ

◆好き嫌いをたずねるとき.

「カラオケは好きですか」というように，相手にそれが“好きかどうかをたずねるとき”に使う表現です。

Vous aimez~? の後ろには，“相手が好きかどうか”聞きたいこと（定冠詞を付ける単語）を入れればます。

語句を入れ替えて“とことん”レッスン！

❶ あなたは甘いものが好きですか？

❷ あなたは肉料理が好きですか？

❸ あなたは犬が好きですか？

❹ あなたはサッカーが好きですか？

❺ あなたはカラオケが好きですか？

❻ あなたはジョギングが好きですか？

❼ あなたは野菜が好きですか？

組み立てのポイント

「あなたは ～ が好きですか？」	+	ネコ
↓		↓
Vous aimez ヴゼメ		**les chats?** レ　シャ

あなたはネコが好きですか？

▼対話してみましょう!

A: アニメが好きですか？

Vous aimez les dessins animés?
ヴゼメ　ル　デセン　アニメ

B: はい，とっても。

Oui, beaucoup.
ウイ　ボク

❶ **Vous aimez le sucré?**
ヴゼメ　ル　シュクレ

❷ **Vous aimez la viande?**
ヴゼメ　ラ　ヴィアンド

❸ **Vous aimez les chiens?**
ヴゼメ　レ　シャン

❹ **Vous aimez le football?**
ヴゼメ　ル　フットボル

❺ **Vous aimez le karaoké?**
ヴゼメ　ル　カラオケ

❻ **Vous aimez le jogging?**
ヴゼメ　ル　ジョギン

❼ **Vous aimez les légumes?**
ヴゼメ　レ　レギュム

51

CD 64

「～に興味があります」

Je m'intéresse à ~.

ジュ　マンテレッサ

◆ 興味をもっていることを言うとき

Je m'intéresse à ~. は，「～に興味があります」と言うときに使うパターンです。

フランス語には一語で「趣味」を表す単語がありません。

Ma détente [マ デタント]（息抜きに）を使っても表現できます。

Ma détente, c'est la pêche.（釣りが私の楽しみです）

語句を入れ替えて“とことん”レッスン！

❶ 私はサッカーに興味があります。

❷ 私は骨董品に興味があります。

❸ 私は陶磁器に興味があります。

❹ 私はクラッシック音楽に興味があります。

❺ 私は美術に興味があります。

❻ 私は建築に興味があります。

❼ 私はガーデニングに興味があります。

組み立てのポイント

「～に興味があります」 ＋ 釣り

Je m'intéresse à / **la musique**
ジュ マンテレッサ / ラ ミュズィク

私は音楽に興味があります。

▼対話してみましょう!

A: あなたの趣味は何ですか？

Quel est ton hobby?
ク レ トン オビ

B: 旅行です。

C'est le voyage.
セ ラ ヴォワイヤジュ

---

❶ **Je m'intéresse à la football.**
ジュ マンテレッサ ラ フットボル

❷ **Je m'intéresse aux les antiquités.**
ジュ マンテレッサ レ ティキテ

❸ **Je m'intéresse à la porcelaine.**
ジュ マンテレッサ ラ ポルスレンヌ

❹ **Je m'intéresse à la musique classique.**
ジュ マンテレッサ ラ ミュズィク クラスィック

❺ **Je m'intéresse aux les beaux-arts.**
ジュ マンテレッサ レ ボザル

❻ **Je m'intéresse à l'architecture.**
ジュ マンテレッサ ラルシテクチュル

❼ **Je m'intéresse au le jardinage.**
ジュ マンテレッサ ル ジャルディナジュ

52

CD 65

「～をありがとう」

Merci pour ~.
メルスィ　プル

◆ 感謝の気持ちを伝えたいとき

お礼の最も一般的な言葉の「～をありがとう」と言うときの表現です。

【お礼を言われたら】

- □ どういたしまして。 **Je vous en prie. / De rien.**（ジュ ヴザン プリ／ドゥ リエン）
- □ 大丈夫ですよ。 **Ce n'est rien.**（ス ネ リエン）
- □ 問題ありません。 **Pas de problème.**（パ ドゥ プロブレム）

語句を入れ替えて "とことん" レッスン！

❶ 誘ってくれてありがとう。

❷ お招きありがとうございます。

❸ 皆さん来てくれてどうもありがとう。

❹ プレゼントをありがとう。

❺ 手紙をありがとう。

❻ いろいろとありがとうございました。

❼ おもてなしいただきありがとうございました。

組み立てのポイント

「～ありがとう」 + 乗せていただき

Merci pour (メルスィ プル) **la route.** (ラルトゥ)

乗せていただいてありがとう。

▼ 対話してみましょう!

A: ご招待いただきましてありがとうございます。

Merci beaucoup pour l'invitation.
メルスィ ボク プル レンビタスィヨン

B: どういたしまして。

Je vous en prie.
ジュ ヴザン プリ

---

❶ **Merci de m'avoir invité.**
メルスィ ドゥ マヴォワル エンヴィテ

❷ **Merci de votre invitation.**
メルスィ ドゥ ヴォトゥル エンビタスィヨン

❸ **Merci à tous d'être venus.**
メルスィ ア トゥス デトゥル ヴニュ

❹ **Merci pour votre cadeau.**
メルスィ プル ヴォトゥル カド

❺ **Merci pour la [ta / votre] lettre.**
メルスィ プル ラ タ ヴォトゥル レットゥル

❻ **Merci pour tout.**
メルスィ プル トゥ

❼ **Merci pour votre hospitalité.**
メルスィ プル ヴォトゥル ホスピタリテ

53

CD 66

「～してすみません」「ごめんなさい」

Je suis désolé[e] de + 動詞の原形.

ジュ　スュイ　デゾレ　ドゥ

◆すまないと思う気持ちを伝えるとき

「遅れてすみません」「お待たせしてすみません」というように，すまないと思う気持ちを伝えるときの表現です。

「現在～（して）いる状態である」とき **de** ＋動詞の原形

語句を入れ替えて “とことん” レッスン！

❶ どうもすみません。

❷ お待たせしてすみません。

❸ 失敗してしまってごめんなさい。

❹ あなたを驚かせてしまってごめんなさい。

❺ 行けなくてごめんなさい。

❻ 失望させてすみません。

❼ お邪魔します。／失礼します。

組み立てのポイント

| 「〜してすみません」 | + | 遅れて |

Je suis désolé[e] d'être en retard.
ジュ スュイ デゾレ デトル アン ルタル

遅れてすみません。

▼ 対話してみましょう！

A: ごめんなさい。
Je suis désolé[e].
ジュ スュイ デゾレ

B: 大丈夫ですよ。
Ce n'est rien.
ス ネ リエン

---

❶ **Je suis vraiment désolé[e].**
ジュ スュイ ヴレマン デゾレ

❷ **Je suis désolé[e] de vous avoir fait attendre.**
ジュ スュイ デゾレ ドゥ ヴ ザヴォワル フェ アタンドル

❸ **Je suis désolé[e] d'avoir échoué.**
ジュ スュイ デゾレ ダヴォワル エシュエ

❹ **Je suis désolé[e] de vous avoir surpris.**
ジュ スュイ デゾレ ドゥ ヴ ザヴォワル シュルプリ

❺ **Je suis désolé[e] de ne pas être venu[e].**
ジュ スュイ デゾレ ドゥ ヌ パ ゼトル ヴニュ

❻ **Je suis désolé[e] de vous avoir déçu[e].**
ジュ スュイ デゾレ ドゥ ヴ ザヴォワル デシュ

❼ **Je suis désolé[e] de vous déranger.**
ジュ スュイ デゾレ ドゥ ヴ デランジェ

54

CD 67

「〜が痛いです」

J’ai mal [à] ~.

ジェ　マロ［マラ］

■ からだの痛い箇所を言うとき

体の状態を表したいときには，**J’ai** という言い方をします。

ai は **avoir**「持っている，体の状態が…である」の活用形。

mal は「痛み」という意味。

「〜が痛い」というときは，**J’ai mal à** のあとに痛いところを続けます。

語句を入れ替えて “とことん” レッスン！

❶ おなかが痛いです。

❷ 胃が痛いです。

❸ 肩が痛いです。

❹ 昨日から頭が痛いのですが 。

❺ ここが少し痛いです。

❻ 目が痛いです。

❼ 腕が痛い。

組み立てのポイント

「～が痛い」	+	歯
J'ai mal ジェ　マロ		aux dents. ロ　ダン

歯が痛いです。

▼対話してみましょう!

A: どこが痛みますか？

Où avez-vous mal?
ウ　アヴェ　ヴ　マル

B: ここが痛いのですが。

J'ai mal ici.
ジェ　マロ　イスィ

---

❶ **J'ai mal au ventre.**
ジェ　マロ　オ　ヴァントゥル

❷ **J'ai mal à l'estomac.**
ジェ　マラ　レストマ

❸ **J'ai mal à l'épaule.**
ジェ　マラ　エポル

❹ **J'ai mal à la tête depuis hier.**
ジェ　マラ　ラ　テットゥ　ドゥピュイ　イエル

❺ **J'ai un peu mal ici.**
ジェ　エンプ　マル　イスィ

❻ **J'ai mal à l'œil.**
ジェ　マラ　ルイユ

❼ **J'ai mal aux bras.**
ジェ　マロ　オ　ブラ

55

CD 68

「～をなくしました」

J'ai perdu ～.

ジェ　　ペルデュ

◆「～をなくした」と伝えるとき

「パスポートをなくしました」というように,「なくした」という過去の出来事は **J'ai perdu ～.** で表します。

「～をとられました」なら, **On m'a volé ～.** のパターンです。

語句を入れ替えて "とことん" レッスン！

❶ パスポートをなくしました。

❷ ハンドバッグをなくしました。

❸ 鍵をなくしました。

❹ 財布をなくしました。

❺ カメラをなくしました。

❻ クレジットカードをなくしました。

❼ (地下鉄, バスの) 切符をなくしました。

組み立てのポイント

「～をなくしました」 + 切符

J'ai perdu **mon billet.**
ジェ ペルデュ モン ビエ

（飛行機，電車，コンサート，映画の）切符をなくしました。

▼ 対話してみましょう！

A: バックをなくしました。

J'ai perdu mon sac.
ジェ ペルデュ モン サック

B: どんなバックですか?

Quel genre de sac était-ce?
ケル ジャンル ドゥ サック エテス

---

1. **J'ai perdu mon passeport.**
ジェ ペルデュ モン パスポル
2. **J'ai perdu mon sac à main.**
ジェ ペルデュ モン サカ マン
3. **J'ai perdu ma clé.**
ジェ ペルデュ マ クレ
4. **J'ai perdu mon portefeuille.**
ジェ ペルデュ モン ポルトゥフイユ
5. **J'ai perdu mon appareil photo.**
ジェ ペルデュ モン アパレイユ フォト
6. **J'ai perdu ma carte de crédit.**
ジェ ペルデュ マ カルトゥ ドゥ クレディ
7. **J'ai perdu mon ticket.**
ジェ ペルデュ モン ティケ

Leçon 3

日常生活の基本ショートフレーズ

“とっさ”の場面で使える シンプルなフランス語会話表現！

【会ったとき】

CD 69

□ おはよう。

Bonjour.
ボンジュル

□ こんにちは。

Bonjour.
ボンジュル

□ こんばんは。

Bonsoir.
ボンソワル

□ こんにちは, タクヤさん。お元気ですか？

Bonjour Monsieur Takuya,
ボンジュル ムスィユ タクヤ

comment allez-vous?
コマンタレ ヴ

□ ありがとう, 元気です。あなたは？

Très bien merci, et vous?
トゥレ ビエン メルスィ エ ヴ

【別れぎわに】

CD 70

□ また今度。

À la prochaine fois!
ア ラ プロシェンヌ フォワ

□ さようなら。

Au revoir.
オ ルヴォワル

□ よい週末を！

Bon week-end!
ボン ウィケンドゥ

□ あなたも！

À vous aussi!
ア ヴ オスィ

□ じゃあね。

Salut.
サリュ

□ 幸運を！

Bonne chance!
ボンヌ シャンス

□ ではまた。／近いうちに。

À bientôt.
ア ビヤント

□ また明日。

À demain.
ア　ドゥメン

□ おやすみなさい。

Bonne nuit.
ボンヌ　ニュイ

□ いい夜をお過ごしください。

Bonne soirée.
ボンヌ　スワレ

【感謝する】

CD 71

□ ありがとう。

Merci.
メルスィ

□ どうもありがとうございます。

Merci beaucoup.
メルスィ　ボク

□ どうもご親切に。

C’est très gentil.
セ　トゥレ　ジャンティ

【お礼を言われたら】

CD 72

□ どういたしまして。

Je vous en prie.
ジュ ヴザン プリ

De rien.
ドゥ リエン

□ 大丈夫ですよ。

Ce n'est rien.
ス ネ リエン

□ 問題ありません。

Pas de problème.
パ ドゥ プロブレム

【あやまる】

CD 73

□ ごめんなさい！

Pardon!
パルドン

Je suis désolé[e].
ジュ スュイ デゾレ

□ 遅れてごめんなさい。

Pardon pour le retard.
パルドン プル ル ルタル

□ すみません。

Excusez-moi.
エクスキュゼ モワ

□ たいへん失礼いたしました。

Je vous prie de m'excuser.
ジュ ヴ プリ ドゥ メクスキュゼ

□ 恐れ入ります。

Je suis confus[e].
ジュ スュイ コンフュ［ズ］

【あやまられたら】

CD 74

□ 大丈夫ですよ。

Ce n'est rien.
ス ネ リエン

□ どういたしまして。

Je vous en prie.
ジュ ヴザン プリ

De rien.
ドゥ リエン

□ 気にしないでください。

Ne vous en faites pas.
ヌ ヴザン フェットゥ パ

【はい，いいえ】

CD 75

□ はい。

Oui.
ウィ

□わかりました。

Je comprends.
ジュ　コンプラン

□いいですよ。

D'accord.
ダコル

□もちろんです。

Bien sûr.
ビエン　スュル

□はい，よろこんで。

Oui, avec plaisir.
ウィ　アヴェック　プレズィル

□いいえ。

Non.
ノン

□いいえ，けっこうです。

Non merci.
ノン　メルスィ

□違うと思います。

Je ne pense pas.
ジュ　ヌ　パンス　パ

□できません。

Je ne peux pas.
ジュ　ヌ　プ　パ

【聞き返す】

CD 76

□ えっ，何ですか？

Pardon?
パルドン

□ ゆっくり繰り返して言ってくれますか？

Vous pouvez répéter lentement?
ヴ　プヴェ　レペテ　ラントゥマン

□ 本当ですか？

Vraiment?
ヴレマン

C'est vrai?
セ　ヴレ

□ もう一度言ってくれますか？

Vous pouvez répéter?
ヴ　プヴェ　レペテ

□ もう一度言っていただけますか？　（ていねいな表現）

Pourriez-vous répéter?
プリエ　ヴ　レペテ

□ もっとゆっくり話してください。

Parlez plus lentement, s'il vous plaît.
パルレ　プリュ　ラントゥマン　スィル　ヴ　プレ

【自己紹介の基本】

CD 77

□ 私(の名前)はタカハシ ユウヤです。

Je m'appelle Yuya Takahashi.
ジュ マペル ユウヤ タカハシ

□ はじめまして。

Enchanté[e].
アンシャンテ

Bonjour.
ボンジュル

□ お会いできてうれしいです。

Je suis heureux[se] de faire votre connaissance.
ジュ スュイ ウル[ズ] ドゥ フェル ヴォトゥル コネッサンス

□ こちらこそ。

Moi aussi.
モワ オスィ

□ ユウヤと呼んでください。

Appelez-moi Yuya.
アプレ モワ ユウヤ

□ よくいらっしゃいました。

Je vous souhaite la bienvenue.
ジュ ヴ スエットゥ ラ ビャンヴニュ

□ こちらは友人のフィリップです。

C'est Philippe, mon ami.
セ　フィリップ　モナミ

□ こちらは鈴木さんです。

C'est Monsieur Suzuki.
セ　ムスィユ　スズキ

【友だちづくり】

CD 78

□ どちらからいらっしゃったのですか？

D'où venez-vous?
ドゥ　ヴネ　ヴ

□ 私は日本から来ました。

Je viens du Japon.
ジュ　ヴィヤン　デュ　ジャポン

□ お名前は何ですか？

Comment vous appelez-vous?
コマン　ヴザプレ　ヴ

□ 私の名前はタクヤです。

Je m'appelle Takuya.
ジュ　マペル　タクヤ

□ おいくつですか？

Quel âge avez-vous?
ケラジュ　アヴェ　ヴ

□ 私は27歳です。

J'ai 27 ans.
ジェ　ヴァン　セタン

□ ご職業は何ですか？

Quelle est votre profession?
ケレ　ヴォトゥル　プロフェスィヨン

□ 私は会社員です。

Je suis employé[e] de bureau.
ジュ　スュイ　アンプロワイエ　ドゥ　ビュロ

□ あなたは先生ですか？

Vous êtes professeur?
ヴゼットゥ　プロフェッスル

□ いいえ，会社員です。

Non, je travaille dans une entreprise.
ノン　ジュ　トラヴァイユ　ダンジュンナントゥルプリズ

□ 私はエンジニア（男女同形）です。

Je suis ingénieur.
ジュ　スュイ　アンジェニウル

□ 私は公務員（男女同形）です。

Je suis fonctionnaire.
ジュ　スュイ　フォンクスィヨネル

☐ 私は学生です。

Je suis étudiant[e].
ジュ　スュイ　エテュディヤン［ト］

☐ 私は文学部の学生です。

Je suis étudiant en lettres.
ジュ　スュイ　エテュディヤン　アン　レットゥル

☐ 何年生ですか？

Vous êtes en quelle année?
ヴゼットゥ　アン　ケラネ

☐ １年生です。

Je suis en première année.
ジュ　スュイ　アン　プルミエラネ

☐ 独身です。

Je suis célibataire.
ジュ　スュイ　セリバテル

☐ 家族と一緒に暮らしています。

J'habite avec ma famille.
ジャビットゥ　アヴェック　マ　ファミユ

☐ 兄弟はいますか？

Vous avez des frères et sœurs?
ヴザヴェ　デ　フレル　エ　スル

□ 住所を教えていただけますか？

Vous voulez me donner votre adresse?
ヴ　ヴレ　ム　ドネ　ヴォトゥル　アドレス

□ 電話番号を教えていただけますか？

Vous voulez me donner votre numéro?
ヴ　ヴレ　ム　ドネ　ヴォトゥル　ニュメロ

□ ここに書いてください。

Écrivez-la ici, s'il vous plaît.
エクリヴェ　ラ　イスィ　スィル　ヴ　プレ

□ メールアドレスを教えていただけますか？

Vous voulez me donner votre adresse de courriel?
ヴ　ヴレ　ム　ドネ　ヴォトゥル　アドレス　ドゥ　クリエル

Vous voulez me donner votre email?
ヴ　ヴレ　ム　ドネ　ヴォトゥル　イメル

【フランス語】

CD 79

□ フランス語を話せますか？

Est-ce que vous parlez français?
エ　ス　ク　ヴ　パルレ　フランセ

□ はい, 少し。

Oui, un peu.
ウィ　エン　プ

□ いいえ, フランス語を話せません。

Non, je ne parle pas français.
ノン　ジュヌ　パルル　パ　フランセ

□ どうつづるのですか？

Comment ça s'écrit?
コマン　サ　セクリ

□ どう発音するのですか？

Comment ça se prononce?
コマン　サ　ス　プロノンス

□ 何について話しているのですか？

De quoi parlez-vous?
ドゥ　クワ　パルレ　ヴ

【喜び, 感動】

CD 80

□ 私は幸せです。

Je suis heureux[se].
ジュ　スュイ　ウル［ズ］

□ 私はうれしいです。

Je suis content[e].
ジュ　スュイ　コンタン［トゥ］

□ なんという幸せ！

Quel bonheur!
ケル　ボヌル

□ とても気に入りました。

Ça me plaît beaucoup.
サ ム プレ ボク

□ よかった！

Tant mieux!
タン ミユ

□ すごい！

Génial!
ジェニアル

□ すばらしい！

Super!
スペル

□ とてもいい。

Très bien.
トゥレ ビエン

□ 感動的だ！

C'est très impressionnant.
セ トレザンプレスィオナン

□ 素晴らしい！

C'est magnifique!
セ マニフィック

【怒り，悲しみ】

CD 81

□ 私は怒っています。

Je suis en colère.
ジュ　スュイ　アン　コレル

□ うんざりだ。

J’en ai assez.
ジャンネ　アセ

□ 仕方がない。

Tant pis.
タン　ピ

□ まさか！

C’est impossible!
セテンポスィブル

□ たいへんだ！

Mon Dieu!
モン　ディユ

□ それは残念です。

C’est dommage.
セ　ドマジュ

Leçon 4

入れ替えて
使える
フランス語単語

【国・国民・言葉】

日本	**Japon**	ジャポン
日本人	**Japonais**[e]	ジャポネ［ズ］
日本語	**japonais**	ジャポネ
フランス	**France**	フランス
フランス人	**Français**[e]	フランセ［ズ］
フランス語	**français**	フランセ
イギリス	**Angleterre**	アングルテル
イギリス人	**Anglais**[e]	アングレ［ズ］
英語	**anglais**	アングレ
アメリカ	**États-Unis**	エタズュニ
アメリカ人	**Américain**[e]	アメリカン［ケンヌ］
イタリア	**Italie**	イタリ
イタリア人	**Italien**[e]	イタリヤン［エンヌ］
イタリア語	**italien**	イタリヤン
スペイン	**Espagne**	エスパニュ
スペイン人	**Espagnol**[e]	エスパニョル
スペイン語	**espagnol**	エスパニョル
ドイツ	**Allemagne**	アルマニュ
ドイツ人	**Allemand**[e]	アルマン［ドゥ］
ドイツ語	**allemand**	アルマン

【職業】

学生	**étudiant**[e]	エテュディヤン［ト］
会社員	**employé**[e] **de bureau**	アンプロワイエ　ド　ビュロ
エンジニア	**ingénieur**	エンジェニウル
公務員	**fonctionnaire**	フォンクスィヨネル
教師	**professeur**	プロフェスル

看護師	**infirmier[ère]** エンフィルミエ［ル］
主婦	**femme au foyer** ファム　オ　フォワイエ

【趣味】

釣り	**pêche** ペシュ
旅行	**voyage** ヴォワィヤジュ
ダンス	**danse** ダンス
読書	**lecture** レクチュル
アニメ	**dessin animé** デセン　アニメ
スポーツ	**sport** スポル
園芸	**jardinage** ジャルデナジュ

【機内】

飛行機	**avion** アヴィヨン
航空券	**billet (d'avion)** ビエ　ダァヴィヨン
乗客（男性）	**passager** パサジェ
乗客（女性）	**passagère** パサジェル
機長	**commandant de bord** コマンダン　ドゥ　ボル
客室乗務員（男性）	**steward** スティワルト
客室乗務員（女性）	**hôtesse de l'air** オテス　ドゥ　レル
座席	**place** プラス
シートベルト	**ceinture de sécurité** サンテュル　ドゥ　セキュリテ
イヤホーン	**écouteurs** エトゥル
トイレ	**toilettes** トワレットゥ
毛布	**couverture** クヴェルテュル
枕	**oreiller** オレイエ
新聞	**journal** ジュルナル
雑誌	**magazine** マガゼヌ

【税関・空港】

到着フロア **niveau arrivée**
ニヴォ アリヴェ

手荷物引換証 **ticket de bagages**
ティケ ドゥ バガジュ

免税店 **boutique hors-taxe**
ブティク オル タクス

税関 **douane**
ドゥアヌ

旅券審査
contrôle des passeports
コントゥロル デ パスポル

空港 **aéroport**
アエロポル

カウンター **comptoir**
コントゥワル

ゲート **porte**
ポルト

搭乗する **embarquer**
アンバルケ

搭乗 **embarquement**
アンバルクマン

搭乗券 **carte d'embarquement**
カルト ダンバルクマン

離陸する **décoller**
デコレ

着陸する **atterrir**
アテリル

入国カード
carte de débarquement
カルトゥ ドゥ デバルクマン

【列車・鉄道】

切符売り場 **guichet**
ギシェ

列車，鉄道 **train**
トゥラン

鉄道の駅 **gare**
ギャル

(鉄道の) 切符 **billet**
ビエ

改札口
portillon d'accès (aux quais)
バリエル

入口 **entrée**
アントゥレ

出口 **sortie**
ソルティ

時刻表 **horaire**
オレル

特急 **rapide**
ラピドゥ

普通 **omnibus**
オムニビュス

番線 **voie**
ヴォワ

【地下鉄】

（地下鉄，バスの）切符 **ticket**
ティケ

地下鉄 **métro**
メトゥロ

地下鉄の駅 **station (de métro)**
スタスィヨン ドゥ メトゥロ

地下鉄路線図 **plan de métro**
プラン ドゥ メトゥロ

回数券 **coupon**
クポン

乗り換え **correspondance**
コレスポンダンス

乗り換える **changer**
シャンジェ

プラットホーム **quai**
ケ

車両 **voiture**
ヴォワテュル

【バス】

バス停 **arrêt d'autobus**
アレ ドトビュス

市内バス **autobus**
オトビュス

リムジンバス **autocar**
オトカル

シャトルバス **navette**
ナヴェトゥ

移動する **se déplacer**
ス デプラセ

乗る **prendre**
プランドゥル

降りる **descendre**
デサンドゥル

【タクシー】

タクシー **taxi**
タクスィ

タクシー乗り場 **station de taxis**
スタスィヨン ドゥ タクスィ

運転手 **chauffeur**
ショフル

空車 **libre**
リブル

住所 **adresse** アドゥレス

料金 **tarif** タリフ

お金を払う **payer** ペイエ

おつり **monnaie** モネ

【ホテル】

ホテル **hôtel** オテル

滞在 **séjour** セジュル

予約 **réservation** レゼルヴァスィヨン

フロント **réception** レセプスィヨン

フロント係 **réceptionniste** レセプスィヨニストゥ

コンシエルジュ **concierge** コンスィエルジュ

ドアマン **portier** ポルティエ

ベルボーイ **chasseur** シャスル

メイド **femme de chambre** ファム ドゥ シャンブル

シングルベットの部屋 **chambre à un lit** シャンブル ア エン リ

ダブルベットの部屋 **chambre à deux lits** シャンブル ア ドゥ リ

バス付き **avec (salle de) bains** アヴェク サル ドゥ バン

シャワー付き **avec douche** アヴェク ドゥシュ

階段 **escalier** エスカリエ

1階 **rez-de-chaussée** レ ドゥ ショセ

2階 **premier étage** プルミエレタジュ

3階 **deuxième étage** ドゥズィエム エタジュ

4階 **troisième étage** トゥロワズィエム エタジュ

地下 **sous-sol** スソル

エレベーター **ascenseur** アサンスル

上がる **monter** モンテ

下りる **descendre** デサンドゥル

朝食 **petit déjeuner** プティ デジュネ

昼食 **déjeuner** デジュネ

夕食 **dîner** ディネ

ロビー **hall** オル

ルームサービス **service de chambre** セルヴィス ドゥ シャンブル

service d'étage セルヴィス デタジュ

注文する **commander** コマンデ

会計 **caisse** ケス

会計係（男性） **caissier** ケスィエ

会計係（女性） **caissière** ケスィエル

精算書 **note** ノトゥ

室料 **prix de la chambre** プリ ドゥ ラ シャンブル

飲食代 **prix des** プリ デ

consommations コンソマスィヨン

合計金額 **somme totale** ソム トタル

領収書 **reçu** ルスュ

【レストラン】

レストラン **restaurant** レストラン

店主（男性） **patron** パトロン

店主（女性） **patronne** パトロヌ

ウェーター **serveur** セルヴル

garçon ガルソン

ウェートレス **serveuse** セルヴズ

メニュー **carte** キャルトゥ

コース料理 **menu** ムニュ

日替わり料理 **plat du jour** プラデュ ジュル

食前酒 **apéritif** アペリティフ

食後酒 **digestif** ディジュスティフ

ミネラルウオーター **eau minérale** オ ミネラル

ボトル **bouteille** ブテイユ

ハーフボトル **demi-bouteille** ドゥミ ブテイユ

カラフ **carafe** カラフ

ピッチャー **pichet** ピシェ

ナイフ **couteau** クト

フォーク **fourchette** フルシェトゥ

スプーン **cuillère** キュイエル

グラス **verre** ヴェル

カップ **tasse** タス

皿 **plat** プラ

塩 **sel** セル

さとう **sucre** シュクル

こしょう **poivre** ポワヴル

しょうゆ **sauce de soja** ソス ドゥ ソジャ

酢 **vinaigre** ヴィネグル

カフェ **café** カフェ

ビストロ **bistrot** ビストゥロ

ブラスリー **brasserie** ブラスリ

ビール **bière** ビエル

シャンペン **champagne** シャンパニュ

赤ワイン **vin rouge** ヴェン ルジュ

白ワイン　vin blanc
ヴェン　ブラン

デザート　dessert
デセル

果物　fruit
フリュイ

勘定　addition
アディスィヨン

間違い　erreur
エルル

【ショッピング】

デパート　grand magasin
グラン　マガゼン

スーパーマーケット　supermarché
スュペルマルシェ

ブティック　boutique
ブティック

商店　magasin
マガゼン

書店　librairie
リブレリ

営業中　ouvert
ウヴェル

閉店　fermé
フェルメ

店員（男性）　vendeur
ヴァンドゥル

店員（女性）　vendeuse
ヴァンドゥズ

品物　achat
アシャ

おみやげ　souvenir
スヴニル

値段　prix
プリ

セール　soldes
ソルドゥ

値段が高い　cher / chère
シェル　シェル

値段が安い　bon marché
ボン　マルシェ

大きい　grand[e]
グラン［ドゥ］

小さい　petit[e]
プティ［ットゥ］

長い　long[ue]
ロン［グ］

短い　court[e]
クル［トゥ］

ゆるい　large
ラルジュ

絹の	**en soie**	アン ソワ
綿の	**en coton**	アン コトン
ウールの	**en laine**	アン レンヌ
革の	**en cuir**	アン キュイル
ナイロンの	**en nylon**	アン ニロン
ジャケット	**veste**	ヴェストゥ
セーター	**pull**	ピュル
	pull-over	ピュロヴェル
スラックス	**pantalon**	パンタロン
スカート	**jupe**	ジュップ
ワンピース	**robe**	ロブ
ブラウス	**chemisier**	シュミズィエ
ワイシャツ	**chemise**	シュミズ
コート	**manteau**	マント
Tシャツ	**tee-shirt**	ティシュルトゥ
ジーンズ	**jean(s)**	ジン

【観光】

観光	**tourisme**	トゥリスム
観光案内所	**bureau de tourisme**	ビュロ ドゥ トゥリスム
観光客	**touriste**	トゥリストゥ
パンフレット	**dépliant**	デプリヤン
小冊子	**brochure**	ブロシュル
ガイドブック	**guide**	ギッドゥ
地図	**plan**	プラン
新聞売店	**kiosque**	キヨスク
都市，町	**ville**	ヴィル

通り	**rue** リュ
大通り	**avenue** アヴニュ
	boulevard ブルヴァル
河岸通り	**quai** ケ
交差点	**carrefour** キャルフル
信号	**feu** フ
公園	**parc** パルク
広場	**place** プラス
橋	**pont** ポン
記念建造物	**monument** モニュマン
見物する	**visiter** ヴィズィテ
入場券	**ticket / billet** ティケ　ビエ
開館時間	**heures d'ouverture** ウル　ドゥヴェルテュル
クローク	**vestiaire** ヴェスティエル
みやげ物	**souvenir** スヴニル
絵はがき	**carte postale** カルトゥ　ポスタル
美術館・博物館	**musée** ミュゼ
植物園	**jardin botanique** ジャルデン　ボタニク
水族館	**aquarium** アクワリオム
動物園	**zoo** ゾ
庭園	**jardin** ジャルデン
教会	**église** エグリズ
大聖堂	**cathédrale** カテドゥラル
宮殿	**palais** パレ
城	**château** シャト
近い	**près** プレ
遠い	**loin** ロエン

【両替】

両替所 **bureau de change**
ビュロ ドゥ シャンジュ

銀行 **banque**
バンク

窓口 **guichet**
ギシェ

為替ルート **taux de change**
ト ドゥ シャンジュ

お金 **argent**
アルジャン

現金 **espèces**
エスペス

紙幣 **billet**
ビエ

硬貨 **pièce (de monnaie)**
ピエス ドゥ モネ

小銭 **(petite) monnaie**
プティットゥ モネ

トラベラーズチェック **chèque de voyage**
シェック ドゥ ヴォワィヤジュ

外貨交換証明書 **bordereau de change**
ボルドゥロ ドゥ シャンジュ

サイン **signature**
スィニャテュル

【郵便】

郵便局 **bureau de poste**
ビュロ ドゥ ポストゥ

郵便ポスト **boîte aux lettres**
ボワット オ レットル

切手 **timbre**
タンブル

郵便番号 **code postal**
コドゥ ポスタル

郵便はがき **carte postale**
カルトゥ ポスタル

小包 **paquet**
パケ

送る **expédier**
エクスペディエ

envoyer
アンヴォワイエ

航空便で **par avion**
パラヴィヨン

速達で **par exprès**
パレクスプレス

書留で **en recommandé**
アンルコマンデ

手紙 **lettre**
レットゥル

封筒 **enveloppe**
アンヴロップ

【電話】

電話 **téléphone**
テレフォンヌ

テレフォンカード **télécarte**
テレカルトゥ

電話ボックス **cabine téléphonique**
キャベヌ テレフォニック

公衆電話 **téléphone public**
テレフォヌ ピュブリック

電話番号 **numéro de téléphone**
ニュメロ ドゥ テレフォンヌ

国際電話 **communication internationale**
コミュニカスィヨン アンテルナスィヨナル

コレクトコールで **en PCV**
アン ペセヴェ

内線 **poste**
ポストゥ

電話番号案内 **renseignements téléphoniques**
ランセニュマン テレフォニク

【盗難・紛失】

財布 **portefeuille**
ポルトゥフユ

ポシェット **pochette**
ポシェットゥ

バッグ **sac**
サック

カメラ **appareil photo**
アパレィユ フォト

パスポート **passeport**
パスポル

クレジットカード **carte de crédit**
カルトゥ ドゥ クレディ

トラベラーズチェック **chèque de voyage**
シェック ドゥ ヴォワィヤジュ

警察署 **commissariat (de police)**
コミサリア ドゥ ポリス

消防 **pompiers**
ポンピエ

日本大使館 **ambassade du Japon**
アンバサドゥ デュ ジャポン

空港会社 **compagnie aérienne**
コンパニ アエリエンス

クレジット会社
société de crédit
ソスィエテ　ドゥ　クレディ

銀行　**banque**
バンク

盗難届け　**déclaration de vol**
デクララスィヨン　ドゥ ヴォル

紛失証明書　**attestation de perte**
アテスタスィヨン　ドゥ　ペルトゥ

事故証明書
attestation d'accident
アテスタスィヨン　ダクシィダン

【病気】

病気　**maladie**
マラディ

医者　**médecin**
メドゥセン

病院　**hôpital**
オピタル

内科　**médecine généraliste**
メドゥセンヌ　ジェネラリストゥ

外科　**chirurgie**
シリュルジ

歯医者　**dentiste**
ダンティスト

眼科　**ophtalmologie**
オフタルモロジ

産婦人科　**gynécologie**
ジネコロジ

救急車　**ambulance**
アンビュランス

当直医　**médecin de garde**
メドゥセン　ドゥ　ガルドゥ

薬局　**pharmacie**
ファルマスィ

薬　**médicament**
メディカマン

抗生物質　**antibiotique**
アンティビヨティク

風邪薬　**médicament pour**
メディカマン　プル
[contre] le rhume
コントゥル　ル　リュム

湿布　**compresse**
コンプレス

生理用ナプキン
serviette hygiénique
セルヴィエットゥ　イジェニック

ブックデザイン　相田陽子（オセロ）
編集協力　Miguel Quintana，音玄堂
編集担当　斎藤俊樹（三修社）

CD付　一瞬で伝えたいことが言い出せる
フランス語会話55の鉄則表現

2012年3月20日　第1刷発行

監修者 ――――クリスティアン・ブティエ

発行者 ――――前田俊秀
発行所 ――――株式会社三修社
〒150-0001　東京都渋谷区神宮前2-2-22
TEL 03-3405-4511　FAX 03-3405-4522
振替 00190-9-72758
http://www.sanshusha.co.jp/

印刷製本 ――――大日本印刷株式会社
CD制作 ――――高速録音 株式会社

ISBN978-4-384-04292-4 C1085

三修社

ゼロから始めるフランス語
猪狩廣志 著
A5 判並製　172 頁
話しことばを中心に、できるだけやさしく、使いやすい例文を選んで編集。特にフランス語がまったく初めての人がつまずきがちなポイントや、注意を要するところに「メモ式」の解説をつけました。● ABC、発音、例文、会話、コラムの数詞、曜日月名を収録した CD 付き。

ゼロから始めるフランス語チェックテスト
浅岡夢二 著
A5 判並製　200 頁
「ゼロから始めるフランス語」の姉妹編、書き込み式の問題集。簡単に文法の復習をしてから、いろいろな問題に触れられますから、ほかの教科書・参考書でフランス語を勉強している場合にも、十分効果が上がります。重要ポイントや注意を要するところには手書きのメモをつけていますから、効率よく学習できます。

ゼロから話せるフランス語
川口裕司、クリスティアン・ブティエ、川口恵子 著
A5 判並製　168 頁
最も基本的な決まり文句「覚えるフレーズ」でウォーミングアップ。「ダイアローグで学んでみよう」は生活に密着した 20 のダイアローグで構成され，各項では「いろいろな表現」が学べます。洒落たフランス映画のプチ・コラムやポイントをおさえた「文法コーナー」，また便利な単語・状況表現インデックスもついています。

辞書なしで学べる入門フランス語の最初歩
外国語教育研究会 編著
A5 判並製　168 頁
はじめてフランス語にふれる方が、無理なく学習できる参考書です。ていねいな文法解説と例文のカナふり、逐語訳、訳、注など、学習者の負担を少なくしています。入門者のために、最低限必要な項目にしぼり編集しています。

三修社

フランス語リスニング

アレクサンドル・グラ、フランク・デルバール、平松尚子 著
A5 判並製　192 頁
前半は、初級レベル（仏検 3 級、DELF A1）から準中級レベル（仏検準 2 級、DELF A2）ま でを対象とし、初級レベルに必要な文法や語彙、場面などを設定。基本的な用法や語彙だけでなく、関連した表現や類似の表現を多くとりいれ、従来の会話教材 だけでは不足しがちな語彙と表現を十分に補うことができます。後半は、準中級から中級レベル（仏検 2 級、DELF B1）に内容が設定されています。

はじめてのフランス語入門ドリル

井上大輔、井上真理子 著
A5 判並製　152 頁
基本例文を「なぞって書く」・パターン練習で書き替えた例文を「書き込む」・単語を繰り返し「見て読んで書き込む」ことによって、フランス語に慣れ親しみます。学ぶ項目を従来の一般的な初級参考書よりぐっと絞り込んでいるので、１レッスンが負担にならず、この一冊を最後まで終わらせことで、次の学習ステップへ進めるようになります。

口が覚えるフランス語

クリスティアン・ケスレー 著、山下利枝 訳
A5 判並製　136 頁
文法はひと通りやった。簡単なフランス語は大体読める。でもなかなか口からフランス語が出てこない方に。付属 CD というあなた専属の先生が、約 2 時間半、作文問題を出し続けます！実用的な 600 例文を収録！付属 CD でトレーニングをすれば、条件反射で口からフランス語が出てくるようになる！

言いたいことが言える 書きたいことが書ける フランス語の作文

藤田裕二、シルヴィ・ジレ＝鈴木 著
四六判並製　160 頁
主語のとらえ方、同義語の使い分け、言語レベルの問題、文脈による訳し分け、日本語に固有の表現、さらに英語を応用した仏作文の考え方など、従来の仏作文の本とは異なった視点から、フランス語による表現の仕方に言及。煩雑な文法用語はなるべく避けて、フランス語の初級文法を一通り勉強していれば、十分理解できる内容になっています。

三修社

パリの幼稚園のフランス語ノート

森田けいこ 著

A5 判並製　128 頁（オールカラー）

フランス語初心者ママンが、子どもとともに綴った本書には、「フランスでは当たり前に使うけれど、日本ではあまり触れる機会がない」フランス語筆記体や話し言葉、幼児語などの素材を豊富に盛り込みました。シンプルなフランス語とともに、小さなパリっ子たちの 12 か月がぎゅっと詰まっています。

パリのヴァカンスのフランス語ノート

森田けいこ 著

A5 判並製　128 頁（オールカラー）

パリっ子の人生に欠かせないヴァカンスについて、パリ在住の日本人ママンが、豊富な写真とともにおしゃれに紹介。ヴァカンスならではのフランス語表現、掲示物や看板のフランス語表記なども盛り込み、「フランス人のヴァカンス気分」を満喫できます。

自分で訳す星の王子さま

アントワーヌ・ド・サン=テグジュペリ 著、加藤晴久 注釈

A5 判並製　276 頁

見開きの左ページに原著、右ページに訳のつまずきやすいポイントや解説を載せました。自分用に素敵な訳を書いて欲しくて、敢えて対訳文は省きました。解説を親切にまとめましたので、初心者でも使いやすくなっています。リーディングを強化したい時に人気の” Le Petit Prince” ですが、詳細な解説本は本書がはじめてです。

CD 付　バッチリ話せるフランス語

クリスティアン・ブティエ、ニコラ・ロランス 監修

A5 判並製　192 頁

フランス語の「入門」も「やり直し」もまずはこの本から始めよう！　基礎文法を踏まえ「覚えたい表現」と「使ってみたい表現」を効率的にムダなく「ゼロから」わかりやすく解説しています。